NPC 월드

NPC 월드

▶ Start
　Save
　Settings

플레이어
우리는 언제부터
생각하지 않는 존재가 되었을까?

PAGE NOT FOUND

NPC

[명사] Non-Player Character의 줄임말.
플레이어가 조작하지 않는 캐릭터들을 부르는 말이다.
스토리 진행 등의 역할을 맡는다.

프롤로그

대한민국
서버 종료

    온라인에서 농담처럼 쓰이던 말을 이제는 그냥 넘기기엔 어렵게 됐다. 실제로 대한민국 서버가 종료하게 생겼다. 다름이 아니라, NPC들 때문에. 다들 무슨 말인지 알잖아. 같은 말, 같은 댓글, 같은 선택으로 굴러가는 같은 사람들. 아침에 눈뜨면 같은 앱을 같은 순서로 열고, 같은 영상 포맷을 같은 속도로 넘기고, 같은 출근길을 걷고 같은 일을 하다가, 무한 반복. 회사에서는 하던 대로, 퇴근하고도 똑같다. 일신의 기분이 나빠도 "좋아요"를 누르고 댓글을 남기며, 뭐라도 남겨야겠다는 생각으로 고작 한다는 것이

"배설"과도 같은 "공유하기". 뭐가 좋다고 좋아요를 누르나? 하루가 지나가고 그사이 많은 것들이 관통하지만 그저 남는 것은 내 생각이 아니라 데이터 쪼가리와 "오늘 본 릴스"뿐이다. 이런 풍경들을 보고 "너는 다른 사람을 왜 NPC라 부르냐"고 묻기 전에, 왜 이렇게까지 서로가 닮아가는 사회 구조가 되었는지를 봐야 한다. 이 책의 출발은 단순히 일침을 날리기 위해서가 아니라, 현 사회의 문제를 들여다보고 그 원인을 해부해보기 위해서다. 사람들이 멍청해서가 아니라, 시스템이 설계해버렸기 때문에 NPC 월드가 되어버린 2025년 대한민국. 플레이어들은 안전을 보장받은 채 NPC로 전락하고, 업데이트가 멈추며 의견은 알고리즘이 결정한다. 서버는 갈수록 느려지고, 충돌은 잦아지며, 서서히 멈춰가는 한국.

게임 섭종 이유, 실은 별거 없다. 플레이어가 없어지니까. 유저가 사라지니, 게임을 유지할 필요가 없으니까. 이건 어디에나 통하는 진리다. "사람이 없어지면 자연스레 서비스 종료"로 이어지는 것. 아무리 열정적인 유저들이 운영진에게 이야기하고, 게시판에 의견을 남겨도 큰 의미는 없다. 열정으로 타인이 해결해줄 수 있는 현실적인 문제엔 한계가 있기 때문이다. NPC, 그들은 플레이어들이 계속해서 소리내고 운영을 이어가기 위해 애쓰는 동안에도 부동자세로 가만히 있는다. 서버가 닫히는 줄도 모르고 그 자세 그대로 지내다가, 서버가 닫히고 서비스가 종료됨과 동시에 사라져버린다. NPC들은 그제서야 깨닫게 된다. "아, 정작 갇히게 된 것은 나구나". 그리고 한국의 상황이야말로 섭종을 앞두고 있는 게임과 마찬가지다. 다만, 이것은 게임이 아닌 실제라는 것. 게임은 아쉬워하면서 다른 게임을 시작하면 되지만, 한국이 망하면 선택지는 몇 없다. 지금은 한국 서버가 종료되기 전에 빠르게 운영진들을 설득하거나, 항의하는 것. 그것이 이 모든 과정을 지연시킬 수 있는 방법이다.

하지만 문제는, 이 서버의 운영진들이 과연 더 이상 이 서버에 대한 애정을 얼마나 가지고 있는지에 대한 의문이 든다는 것이다. 그들은 플레이어들에 대하여 정확히 알려고 하지 않는다. 플레이어들을 고려하지 않은 공지를 내리고, 시스템은 방치되고, 버그가 쌓이기 시작한다. 그 와중에 유저들은 서로 싸운다. "이건 유저 잘못이다", "운영진이 문제다"라며. 게임을 더 좋은 방향으로 발전시키기 위한 에너지는 그저 갈라쳐진 상대방 진영으로부터 이기기 위한 에너지로만 소모된다. 그러나 정작 서버의 구조를 설계한 사람들은 책임을 지지 않는다. 모든 오류는 '유저 간 분쟁'으로 분류되고, 그것이 심화되며 이어지고 있다.

딱 지금 한국이 그런 식이다. 운영진은 교체되는 듯 보이지만, 이 게임의 근본은 바뀌지 않는다. 겉모습만 바뀐 NPC들이 새로운 스킨을 입고 등장할 뿐이다. 국민들은 또다시 "이번에는 다를 것"이라며 로그인하지만, 몇 달이 지나면 렉이 걸리고, 채팅창에는 같은 욕설과 불신이 반복된다. 유저는 지쳐가고, 결국 접속을 끊는다. 남는 건 NPC들과, 이미 투자한 것들이 많아서 접을 순 없고 체념한 상태로 게임을 이어가는 계정들뿐이다. NPC들은 여론을 흉내 내고, 참여를 가장한다. 하지만 아무것도 바꾸지 않는다. 그저 서버 점유율을 유지하기 위한 장식일 뿐이다.

그러다 보니 다 이해가 된다. 뭘 해도 바뀌지 않는 현실. 무관심 너머엔 그것들이 초래한 피로감이 쌓여있을 것이다. 나 혼자 먹고살기도 어려운 시대에 나 이외의 것들에 관심을 가진다는 건, 심지어 그것이 내가 참여한다고 크게 바뀔 것 같지도 않은 거라면, 중도층이라는 작자들의 무관심이 어느 정도 이해가 되려고도 한다. 하지만, 그러기엔 공존할 수 없는 것들이 너무나도 많다. 먹고 살기가 힘들다고? 수십만 명이 '연휴'라는 단어만 붙으면 해외로 나가고, 맛집에는 수십·수백 팀이 웨이팅을 하고, 유명한 가수의 공연에는 수만 명씩 대기를 서며 예약을 시도한다. 먹고살기가 힘들어서 삶에 관심을 갖기가 어렵다고? 이 모든 현상과 삶에 대한 무관심이 공존할 수 있는 이야기인가? 우리 모두가 더 나은 사회를 위한 업데이트와 패치를 너무 오랫동안 기다렸고, 그럴수록 이 체계는 버그를 감춰만 갔다. 그 사이 현실의 프레임은 깨져 가고, 데이터는 부패한다. 그럼에도 운영진은 그럴듯한 새로운 아이템만을 내놓는다. 이름만 다른 정책, 이전과 똑같은 로직. 그리고 늘 같은 대사인 "유저 여러분의 소중한 의견을 반영하겠습니다." "저희는 모든 유저분들을 존중하고 사랑합니다." "저희는 유저분들이 존재하기 때문에 의미를 가집니다." 하지만 뭐 하나 제대로 반영된 적은 없다. 의견을 남길 수 있는 창구는 이미 장식이 되었고, "참여"는 일종의 연출이 되었다. 현실은 일종의 메타버스가 되었고, 우리는 그 안의 NPC로 살고 있다. 이제 플레이어로 돌아올 시간이다. 이 서버는 아직 완전히 닫히지 않았다.

차례

프롤로그 대한민국 서버 종료   06

1부
우리가 NPC가 되어가는 과정

주목 경제는 생각을 어떻게 얕게 만드나	16
무한스크롤과 자동 재생은 왜 멈추기 어려운가	27
알고리즘의 추천은 선택지를 어떻게 좁히는가	35
탐색 비용이 높을수록 왜 같은 것만 고르나	43
기본값이 삶을 기본값으로 만드는 순간	48
휘발성 보상이 일·연애·학습을 평준화하는 방식	54
댓글 수가 판단을 대체할 때 생기는 오류	63
숏폼 시대, 긴 호흡 작업이 사라지는 이유	69
실패비용이 큰 사회에서 복붙이 늘어나는 메커니즘	75
감정 전염이 사고를 잠식하는 순간	83
정보 과다 속의 무지 : "안다고 느끼지만 모르는 상태"	90
공허한 생산성 : 체크리스트가 주는 거짓 만족감	98
자동화와 알고리즘 관리자	104
업데이트 격차 – 속도가 권력이 되는 사회	108

2부
NPC, 방관과 순응의 역사

스레브레니차 1995 : UN의 안전지대와 방관	127
뮌헨 1938 : 타협이 전쟁을 키운 사례	131
바이마르 1932-33 : 회색정치의 끝	140
르완다 1994 : 국제사회의 "중립" 비용	148
홍콩 2019-20 : 침묵의 대가	152
"화이트 모더레이트" 비판 : 킹의 옥중서간	159
방관자 효과	165
우리 모두의 이야기	170

3부
NPC 탈출하기

감정의 자동화 끊기	176
도파민 다이어트	183
기억의 원본 되찾기	191
캡처 기억법 버리기	199
분노라는 예산	203
NPC 탈출하기	208

4부
망한 게임도 1채널은 핫하다

NPC의 일기	214
자발적 NPC	221
앞으로의 대한민국	226
NPC 탈출 선언	233

1부
우리가 NPC가 되어가는 과정

주목 경제는 생각을 어떻게 얕게 만드나

요즘 사람들의 하루를 시작하는 버튼은 알람이 아니다. 알림이다. 침대에서 몸을 일으키기도 전에 손가락이 가는 곳은 새벽 동안 쌓여있는 알림이다. 사실 새벽에 쌓인 메시지들이 그렇게 중요할 리가 없는데도, 이 메시지들은 전부 같은 말을 한다. "나를 먼저 봐. 중요하고 좋은 게 있어." 메신저에 쌓인 메시지들, SNS의 새 반응, 여러 플랫폼의 알림, 각자의 순서는 다르지만 행위는 같다. "확인." 우리는 확인으로 하루를 연다. 확인은 생각의 과정이 아니다. 확인은 그저 반사일 뿐이다. 반사가 쌓이면서 하루가 된다. 모든 이들의 하루가 쌓이면 세계가 된다. 그렇게 만들어진 이 세계관의 통화는 시간과 주의다. 누가, 어디서 오래 붙잡느냐가 돈이 된다. 그게 주목경제다. 그리고 이 경제는 당신의 생각을 얇게 만든다. 얇다는 건 단순히 지식이 적다는 뜻이 아니다. 생각의 층이 줄어든다는 뜻이다. 표면만 훑고 지나가며, 이유보다 반응이 먼저 튀어나오는 상태. 왜 그렇게 되는지, 아주 생활적인 장면부터 훑어보자.

출근길 지하철. 모두가 똑같이 말한다. "거기서 그동안 할 게 없으니까 보는 거지." 하지만 '심심함'이 요즘 생태계에서 가장 비싼 문이라는 것을 알고 있는가? 심심함은 긴 호흡이 들어갈 수 있는 빈 공간이다. 그 빈 공간을 파는 게 플랫폼의 사업이다. 그래서 첫 화면부터 쉴 틈이 없다. 이젠 당신이 클릭하지 않았는데도 영상이 이미 "미리 보기"라는 이름으로 재생되고 있다. 스크롤을 멈추지 못하게 화면 아래에 다음 콘텐츠가 이미 깔려 있다. "다음"을 누르지 않아도 다음이 문앞에 배달되어 있다. 생각하려면 멈춰야 한다. 멈추려면 의식적인 힘이 필요하다. 그런데 이 힘을 꺼낼 틈을 인터페이스가 봉쇄한다. 우리는 의지박약이라서가 아니라, 인터페이스가 의지를 쓸 시간을 미리 막아버리기 때문에 멈추지 못한다. 멈추지 못하니 '내가 이걸 왜 보지?'라고 묻는 질문 자체가 늦어진다. 질문이 늦어지면 판단도 늦어진다. 판단이 늦어지면 남의 판단을 빌린다. 하지만 스크롤을 멈추기 위한 판단을 해야 될 시간에, "좀 더 좋은 걸 보려면 무엇을 봐야하는지"에 대한 남의 판단을 빌린다. 추천, 인기, 급상승. 남의 판단은 빠르고 안정적이다. 안정성은 매력적이다. 그래서 더 빈틈없이 본다.

숏폼 영상이 대표적이다. 7초, 12초, 28초. 짧고, 가볍고 재밌다. 문제는 가볍고 재밌다는 이유로 판단이 면제되는 지점이 생긴다는 것이다. 7분, 70분을 낭비하는 것은 참을 수 없는데 7초 정도는 괜찮아 보인다. 하지만 그런 7초가 모여서 7분이 되고 70분이 된다는 사실은 망각한 듯 하다. 또, 영상이 짧다는 건 맥락을 절단한다는 뜻이기도 하다. 앞뒤를 못 보니 사람은 '느낌'으로 결론을 때운다. 느낌으로 쌓은 결론은 수정이 어렵다. 왜냐하면 '느낌'에는 근거가 없기 때문이다. 근거가 없으면 반박도 안 들린다. "그냥 싫어." "그냥 맞는 것 같아." 이렇게 '그냥'이 늘어날수록, 다음번에도 짧은 것을 찾게 된다. 짧은 것은 빨리 이해되는 대신, 생각의 '두께'를 늘려주지 않는다. 두께가 얇아지면 견고함이 떨어진다. 견고함이 떨어지면 누군가 조금만 강하게 밀어도 쉽게 뒤집힌다. 뒤집힌 다음에도 왜 뒤집혔는지 설명할 수 없다. 그래서 설명 대신 볼 것을 더 찾는다. 이게 주목경제의 기본 루프다.

"심심함 → 짧은 자극 → 느낌 → 얇은 기억 → 더 많은 자극". 이 루프가 빨라질수록, 우리는 스스로의 판단을 신뢰하지 못하게 된다. 신뢰하지 못하니 더 많은 타인의 신호를 찾는다. 좋아요 수, 조회수, 순위. 숫자에 기대는 순간, 숫자만 남는다.

SNS는 이것들을 기반으로 더 나아간다. 숫자가 '가치'가 되는 곳. 좋아요, 공유, 댓글, 저장. 숫자들이 일종의 칭호이자 계급이 되어 전달되는 곳. 여기서는 '좋은 말'보다 '좋은 수'가 먼저다. 좋은 수를 만드는 가장 빠른 기술은 신선한 생각이 아니다. 신선한 생각은 대박이 날 확률도 있지만, 그 반대의 확률 역시 있다. 무난하고 빠르게 SNS 영향력을 늘리는 기술은 익숙한 감정을 정확한 타이밍에 던지는 것이다. 분노, 환호, 조롱, 공포, 동질감. 이 다섯 감정은 가장 빠르게 퍼진다. 그래서 플랫폼을 오래 쓴 사람일수록, 글이 점점 감정의 버튼처럼 변할 가능성이 높다. 무엇을 자극하면 되는지 깨닫기 때문이다. 이처럼 타인의 클릭만을 목표한 글은 얕다. 얕으므로 논쟁에 약하고, 반례에 취약하다. 취약하니 더 큰 감정으로 방어한다. 방어가 쌓이면 자신도 모르게 '자동 모드'가 된다. 흥분을 먹고 사는 계정이 되고, 흥분이 줄어들면 존재감도 줄어든다. 존재감을 되찾으려면 더 많은 클릭을 불러와야 한다. 클릭률이 커질수록 문장은 짧아지고, 짧아질수록 생각은 사라진다. 이때 타인의 눈에는 당신이 'NPC처럼' 보인다. 인스타그램에, 쓰레드에, 유튜브에 고여있는 NPC. 실제론 당신이 게으르거나 멍청해서가 아니다. 이 바닥에서 생존하기 위한 반응 최적화가 습관이 된 것이다.

주목경제는 사람을 '제작자'와 '소비자'로 나누지 않는다. 모두를 제작자이자 소비자로 만든다. 누구나 찍고, 누구나 올리고, 누구나 본다. 문제는 이 양쪽에서 모두 '반응 최적화'가 작동한다는 것이다. 소비자로서의 당신은 빨리, 많이, 가볍게 보게 되고, 제작자로서의 당신은 빨리, 많이, 가볍게 만들게 된다. 양쪽이 서로를 강화한다. 가벼움이 나쁘다는 말이 아니다. 가벼움은 필요하고 유용하다. 다만 가벼움만 남을 때 문제가 된다. 무거움이 들어갈 자리인 긴 글, 긴 대화, 긴 프로젝트가 사라지는 순간, 집단의 판단력은 급격히 떨어진다. 긴 판단은 다수의 단기적 불편을 필요로 한다. 단기적 불편은 반응을 깎아먹는다. 반응이 깎이면 보상이 줄어든다. 보상이 줄어들면 의사결정 테이블에서 긴 판단은 빠르게 밀린다. 너도 나도 "일단 올리고 보자"가 된다. 올리고 보는 문화는 실수를 빨리 고치게도 해주지만, 동시에 같은 실수를 더 자주 하게 만든다. '빨리'만 강조되면 '정확히'가 비워지기 때문이다.

여기서 중요한 질문이 나온다. "그래도 잘만 쓰면 되잖아?" 맞다. 잘 쓰면 된다. 그런데 '잘'이 무엇인지 주목경제는 다르게 정의한다. 이 생태계의 '잘'은 '오래 보게 만들고, 많이 반응하게 만드는 능력'이다. 깊이 이해시키고, 천천히 설득하고, 장기적으로 행동을 바꾸는 능력은 순위에서 밀리기 쉽다. 그래서 개인과 조직이 배우는 '잘'은 점점 포맷이 된다. 컷은 최소 몇 초마다 전환되어야 하고, 내용보다 썸네일이 중요하며, 후킹 제목은 어떻게 해야 하고, 제목은 몇 글자 이내로. 물론 이런 기술도 필요하다. 하지만 기술만 배우면, 머리 안에는 일종의 버튼만 늘어난다. 버튼은 누르면 작동한다. 누르는 동안은 생각이 멈춘다. 멈춤이 잦아질수록, 당신은 만들어진 포맷의 노예가 된다. 어느 순간, 당신의 손이 당신의 머리보다 먼저 움직인다. 이때부터 당신은 자신도 모르게 자동적으로 살고 있게 된다. 좋은 컨텐츠보다 잘 팔릴, 잘 눌릴 컨텐츠를 만들게 되기 때문이다. 이렇게 자동 모드로 살면 편하긴 하다. 성과도 어느 정도 보장되어 있고, 모든 걸 부딪혀가며 시도하던 때와 비교해보면 효과가 확실하다. 그러나 편한 만큼 얕아진다. 얕아질수록 외부의 큰 사건을 해석할 능력 역시 얕아진다. 얕게 해석하면 대응도 얕아진다. 얕은 대응은 위기를 키운다. 이렇게 해서 사회 전체의 업데이트 속도가 느려진다.

숫자와 반응이 모든 걸 정의하는 문화는 또 다른 부작용을 낳는다. '사실'과 '인상'의 구분이 무너진다. 원래 사람은 인상을 먼저 느끼고 사실을 나중에 확인한다. 그건 인간의 기본 로직이다. 문제는 이 순서를 악용하는 구조가 안정적으로 돈을 벌기 시작했을 때다. '사실 확인'은 돈이 늦게 들어온다. '인상 강화'는 돈이 빨리 들어온다. 그러면 시장은 인상 강화에 더 많은 자원을 배분한다. 그 결과 뉴스도, 해설도, 심지어 과학 콘텐츠조차 인상을 과히 친절하게, 설명까지 해주며 만들어둔 포맷을 입어간다. 사실을 전달해야 하는 언론이 오히려 특정 "프레임"을 과하게 가지게 된다. 뉴스 썸네일에서도 "어떤 시각"인지, 사실보다 긍정적인지 부정적인지부터가 눈에 보인다. 이런 친절, 좋다. 하지만 과한 친절은 우리가 생각할 과정을 대신한다. 대신해주면 사람은 덜 생각한다. 덜 생각하면 다음에도 대신해주는 것을 찾는다. 대신해주는 것이 많아질수록, 당신은 스스로 판단한 기억이 줄어든다. 판단의 기억이 줄면, 자신감이 줄고, 자신감이 줄면 더 많은 외부 신호를 찾는다. 결국은 특정 매체에서 좋다하면 좋은 사람이 되고, 부정적이라 적어두면 부정적으로 받아들이는 사람이 된다. 이렇게 '의존'이 쌓인다. 의존은 얕음을 고정한다.

이쯤에서 "그럼 다 버리라는 얘기냐"는 반발이 나온다. 아니다.

버리자는 얘기가 아니다. 오히려 '어디가 얇아지는 지점인지 정확히 보자'는 얘기다. 얇아짐은 특정 장치에서 반복적으로 발생한다. 자동재생, 무한스크롤, 실시간적으로 주어지는 도파민 보상, 휘발성 주제들, 순위 기반 추천. 이 장치들이 나쁘다고 규탄해 봐야 아무 것도 변하지 않는다. 대신 우리는 이런 장치들과 만나는 순간, 내 머리에서 어떤 일이 일어나는지 관찰해야 한다. 관찰은 기계적 사실에 가깝다. "영상이 계속 이어지도록 틀어진 상태에서 내가 멈추기까지 평균 몇 개를 보나." "무한스크롤에서 '의미 있는 정보'와 '그냥 재미'의 비율이 어떻게 느껴지나." 이런 질문 자체는 무겁지 않다. 그러나 결과는 무겁다. 당신의 생각이 얇아지는 구간이 드러난다. 그것이 드러나면, 이 책에서 앞으로 다루게 될 '무한스크롤과 자동재생' 같은 구체 기제가 왜 강력한지 이해가 빨라진다.

또한, 상황이 이렇게까지 오게 된 모든 것들의 기반이 되는 문제는 "속도"다. 생각이 바뀌어야 할 때 바뀌는 속도. 행동을 고쳐야 할 때 고치는 속도, 잘못된 정보여도 지우고 새로운 사실로 덮는 속도. 지금 한국의 많은 사람은 멈춰있다. 몸이 아니라, 속도가. 정체되었다는 말로도 부족할 정도로. 이유는 단순하다. "바뀌면 손해"라는 계산이 너무 빠르게 돌아가기 때문이다. 앞에서 간

략하게 조명했듯이, 회사에서는 실수 한 번이 사람에게 낙인을 찍고, 학교에서는 점수 하나가 그 학생의 생활 전체를 판단한다. SNS에서 숫자는 곧 위치를 나타낸다. 즉, 사회가 발전하면서 우리를 대표하고 나타내는, 우리 생활과 엮여있는 이 숫자들을 떨어뜨리지 않기 위해 우리는 안전만을 고른다. 반복이 쌓이면 성격이 되고, 패턴이 굳어지면 습관이 된다. 이렇게 만들어진 성격과 습관은 결국 우리를 자리만 지키는 NPC가 된 것처럼 행동하게 만든다. 억울할 수도 있지만, 억울하다고 끝나지 않는 세상. 바뀔 수 없는 사람들은 그저 변함 없이 사회를 굴러가게 하는 하나의 부품이 되어버린다.

주목경제는 흔히 "사람의 주의를 빼앗는다"라고 설명된다. 정확하지 않다. 빼앗는 게 아니라 "세분화한다." 긴 덩어리의 주의를 조각조각 잘라서, 각 조각에 광고와 자극을 붙인다. 세분화된 주의는 쓸모가 많다. 플랫폼은 이를 팔아 돈을 번다. 그동안 당신은 긴 덩어리를 잃는다. 긴 덩어리가 없으면 깊은 생각이 어려워진다. 깊은 생각이 어려우면, 두 가지 선택이 남는다. 남의 결론을 사거나, 결론 없이 반응만 생산한다. 둘 다 얕긴 마찬가지다. 얕음이 쌓이면, 결국 사회 전체의 '문제의 정의'를 틀리게 한다. 문제를 틀리게 정의하면, 해법이 아무리 빨라져도 소용없다. 빠른 해법이 오히려 피해를 키우기도 한다. 그래서 우리는 속도를 다시 정의해야 한다. 자극을 처리하는 속도가 아니라, 근거를 바꾸면 입장도 바뀌는 '업데이트 속도'로. 새로운 업데이트를 받아들이는 속도가 빠른 개인과 조직은 얇아지지 않는다. 얇아져도 금방 두꺼워진다. 계속해서 보완하고 발전할 수 있는 조직과 개인. 하지만 반대로 업데이트 속도가 느린 곳은 점점 말이 강해지고, 근거는 약해진다. 사고는, 말이 강하고 근거가 약한 곳에서 일어난다. 작은 충격이 큰 붕괴로 이어지는 이유다.

결론처럼 들리겠지만, 아직 아니다. 이 파트가 책의 앞쪽에 있다니 벌써부터 가슴이 아프다. 큰 문제나 분석이랄 것도 없이 그저 당신이 지금 앉아 있는 의자, 손에 쥔 폰, 책상 위 모니터, 매번 잠들고 일어나는 침대에서 일어나는 일을 최대한 평이하게 기술했다. 여기서부터 느낀 바가 있다면 그것으로도 충분하다. 지금 당장 뭘 끊으라는 요구도, 몇 시간만 보라는 통제도 없다. 대신 다음엔 인터페이스의 두 핵, '무한스크롤'과 '자동재생'의 메커니즘을 뜯을 것이다. 왜 우리는 스스로 스크롤을 내린다고 느끼지만, 사실은 당겨지고 있는지, 왜 "다음"을 누른 적이 없는데도 '다음'에 멈춰있는지, 어떻게 그 몇 초의 지연이 당신의 생각을 아주 얇게 슬라이스 하는지. 거기까지 보면, 당신은 아마도 어떤 버튼을 끌지, 무엇을 남길지 스스로 정하게 될 것이다. 그 결정이야말로 주목경제가 제일 싫어하는 장면이다. 스스로 멈추는 사람, 스스로 길게 보는 사람. 얇아진 생각을 다시 두껍게 만들겠다는 사람. 그 사람이 많아질수록, "NPC 같다"는 말은 장난으로만 남게 된다. 그리고 서버는 꺼지지 않는다.

무한스크롤과 자동재생은 왜 멈추기 어려운가

 일어나서부터 출근길, 직장, 화장실, 점심 시간, 퇴근길, 식탁 위, 침대 위 모두에서 일어나는 "스크롤링". 우리가 걸을 때에도 앉을 때에도 누워있을 때도 발보다 손이 빠르게 화면 위를 달리고 있다는 사실은 참 안타까운 2025년의 대한민국 현실이다. 하지만 이 부분은 단순한 의지 문제가 아니다. 사회와 이 모든 것들을 설계한 기술적인 문제다. 무한스크롤과 자동재생은 "멈춤 신호를 없애버리고, 계속 넘어가도록 하는 관성을 심는" 인터페이스다. 손가락이 스크롤을 내리는 동안, 화면 안과 밖에서 어떤 절차가 당신의 행동을 미리 유도하는지, 그리고 왜 그 유도가 결국 당신에게 '내가 선택했다'라는 착각을 남기는지 찾아보자.

먼저 무한스크롤. 옛 웹페이지는 바닥이 있었다. 페이지 하단의 숫자 버튼, "다음" 링크, 아니면 적어도 "더 보기" 버튼이라도. 이것들이 일종의 멈춤 신호였다. 손은 잠시 멈추고, 눈은 페이지 번호를 보고, 뇌는 "계속 볼까?"라고 묻는 0.5초의 검사를 거쳤다. 하지만 지금은 바닥이 없다. 대부분의 플랫폼이 바닥을 만나기 직전에 내용을 미리 불러온다. 네트워크가 다음 묶음을 백그라운드에서 당겨와서, 당신이 그 지점에 도달하는 순간, 이미 다음이 준비되어 있다. 단순하게 보면 대기를 줄이고, 속도 문제를 해결해버린 친절한 기술처럼 보이지만, 핵심은 속도가 아니다. 결정권의 위치다. 예전엔 "다음"을 눌러야 다음이 왔다. 지금은 "멈추지 않으면" 다음이 온다. 클릭에서 방치로 의사결정의 기준이 바뀐다. 방치는 거의 항상 이긴다. 바쁘고 피곤한 사람의 기본값은 멈추기보다 흘러가기다. 이 작은 역학 변화가 체류시간의 큰 변화를 만든다.

스크롤의 물리도 개입한다. 스마트폰의 스크롤은 관성 애니메이션을 갖는다. 한 번 튕기면 화면은 계속 미끄러진다. 이 감각은 쾌적함을 주지만, 동시에 '자율 제동'을 약하게 만든다. 스크롤은 제동보다 가속이 쉽다. 손가락은 아주 작은 힘으로도 더 내릴 수 있고, 멈추려면 의지를 갖고 굳이 나서야 한다. 피곤하면 동영상을 그만 볼 것 같지만, 오히려 피로할수록 한 번 빠져버린 스크롤에서 나오기가 어려워진다. 단순한 SNS의 숏폼 영상뿐 아니라, "시맨틱 경계"도 사라졌다. 책의 챕터 끝, 기사 한 꼭지의 종결선, 드라마 한 회의 엔드 크레딧 같은 경계. 경계는 '정리—판단—재시작'의 3단계를 자연스럽게 부른다. 무한스크롤은 경계를 제거한다. 콘텐츠는 하나의 강물처럼 연결된다. 연결의 미학은 좋다. 다만, 경계가 없으면 판단도 줄어든다. 다음으로 넘어갈 때까지 시간이 주어지지 않기 때문에 뭔가를 생각하기 보다는 우선 넘어가게 된다. 손가락 한 번에 새롭고 싱싱한 도파민이 배달되기 때문이다. 판단이 필요하거나 깊은 생각이 필요하다 싶으면 우선 '스크린샷' 해두고 만다. 그렇게 저장해둔 사진이 수천, 수만장이 되어가고 보류해둔 판단은 갤러리에만 쌓인다. 이렇게 판단이 줄어들면 반사적인 행동은 늘어만 간다. 반사는 생각을 대체한다. 이것이 얕음의 기술적 뿌리다.

무한스크롤은 "보상" 구조도 이용한다. 영상들의 순서를 잘 보면, 중간중간 새로운 항목들이 끼어 있다. 이미 본 카테고리의 안정적인 콘텐츠, 예상 밖의 컨텐츠, 다음 스크롤을 유도하는 유혹적인 컨텐츠. 이러한 배열은 변동 보상*과 닮았다. 변동 보상은 "다음 한 번만"을 무한히 연장한다. 한 번 더 내리면 이번엔 나올지도 모른다는 기대감. 실제론 확률 통제가 있다. 확률 조정이 있든 없든, 사용자는 "곧"이라는 감각을 배운다. 곧 충족될 쾌감은 지금의 멈춤을 비합리적으로 비싸게 느끼게 만든다. 그래서 계속 내린다.

그리고 이번엔 다음 영상의 "자동재생". 자동재생 역시 끝을 지우는 기술이다. 영상은 원래 '끝'이 분명한 매체다. 크레딧이 흐르거나 음악이 잦아들고, 화면이 어두워진다. 자동재생은 이 '엔딩 신호'에 3초 카운트다운을 포개고, 작은 화면 구석에 다음 영상을 미리 띄운다. 카운트다운은 멈춤의 책임을 사용자에게 넘긴다. "아무것도 안 하면 재생됩니다." 아무것도 안 하는 게 가장 쉬운 선택이다. 심지어 도덕적 평계도 가능하다. "나는 그냥 흘러가게 놔뒀을 뿐이다." 이 무책임의 편의가 반복되면, 선택 감각이 무뎌진다. 무딘 감각은 삶의 다른 영역에도 퍼진다. 당장 "영상 하나" 끄지 못하고 넘어가는 사람들이 뭔가를 제대로 절제할 수 있겠는

---

* 언제 '좋은 것'이 튀어나올지 모르게 하는 보상

가? 영상 시청과 중요한 결단은 단어 그대로 경중이 다르다고? 아니다. 이런 곳에서조차 결단을 내리지 못한다면 삶의 많은 부분이 그저 자연스럽게 "그냥 넘어간다"로 정리된다. 이렇게 쌓인 자동재생하는 인생과 습관은 협업 문화에서 '빈칸'을 만든다.

여기에 더해 자동재생은 미리보기로 진입장벽을 낮춘다. 이미 모두가 자극적으로 만들고 있는 썸네일. 유튜버들은 말한다. "유튜브는 내용보다 포장지다." 그러한 화려한 포장지, 연구를 거듭해 나온 클릭할 수밖에 없는 포장지가 당신이 클릭하기 전부터 이미 다음 영상을 보게 만든다. 여기서 클릭은 작은 결심이다. 작은 결심을 없애면 관성만 남는다. 관성은 대부분의 상황에서 이긴다. 특히 누워 있을 때, 이동 중일 때, 멍할 때. 설계는 이 빈틈의 시간을 골라 파고든다. 점심시간 30분, 잠들기 전 1시간, 엘리베이터 앞 30초. 짧은 시간의 빈칸에 자동재생이 끼어 들면, 길게 생각할 찬스가 줄어든다. 줄어든 생각은 다음에도 줄어든다. 반복되면 습관이 된다.

플랫폼의 내부 지표도 작동을 강화한다. "영상 길이", "시청 유지율", "영상 전환율", "이탈 지점". 이 지표들은 엔지니어에게 아주 명확한 목표를 준다. 이탈 곡선의 급락 구간을 분석하고, 그 지점에 후킹과 자막을 보강하고, 글자의 크기와 폰트, 멘트들을 바꿔 실험한다. 이러한 시대에서 체류를 시킨다는 것은 더 큰 성공을 의미한다. 더 긴 체류는 더 많은 광고, 더 많은 구매, 더 많은 과금. 완벽한 우로보로스(그리스 신화에 나오는 괴수이다. 용 혹은 뱀의 형상을 한 생물로, 자신을 꼬리부터 먹어치우는 동시에 재생하는 것을 끝없이 반복하는 모습으로 그려진다), 빠져나올 수 없는 굴레다. 사용자는 '재밌었다'고 느낀다. 그 느낌은 거짓이 아니다. 다만 그 재밌음이 내 목표와 맞았는지는 별개의 문제다. 목표 부재 상태에서의 재미는 대부분 '더 보기'로 번역된다. 더 보기는 대체로 더 얕기를 낳는다.

"그럼 자동재생을 끄면 되지 않나." 맞다. 실제로 많은 서비스가 설정에서 끌 수 있게 한다. 그러나 설정 화면은 깊다. 메뉴에서도 3~5단계 아래에 있다. 안내 문구는 길다. 중간에 다른 옵션이 끼어 있다. "데이터 절약 모드", "Wi-Fi에서만 자동재생". 이런 동반 옵션이 끼어 있으면, 설정창에 들어갔다가도 사용자는 결정을 미룬다. 미루면 그대로다. 기본값은 남는다. 기본값은 현실이 된다. 이 또한 설계다. 사용자에게 선택권을 주되, 기본값이 이익이 되게 배치한다. 법과 가이드라인은 "끄기 옵션 제공"을 충족했다고 본다. 실제 행동은 거의 변하지 않는다. 기본값의 힘은 생각보다 강하다.

무한스크롤과 자동재생은 '손가락 동작의 단순화'에서도 이득을 본다. 스크롤과 영상 재생은 엄지 한 번, 자동재생은 무동작인 반면, 영상을 멈추거나 나가기 위해서는 보통 두 동작 이상이 필요하다. 이 과정에서 동작 수가 늘수록 멈춤률은 떨어진다. 0.2초의 추가 동작이 누적되면, 체류는 분 단위로 늘어난다. 이 차이를 스케일로 보면, 하루 내내 수많은 사람들에게 쌓인 0.2초가 플랫폼의 매출곡선에 그대로 반영된다. 사용자에게 느껴지는 건 "별생각 없이 오래 봤네?" 정도의 체감. 체감이 작아야 저항도 작다. 설계는 늘 저항을 줄이는 쪽으로 진화한다.

여기에 영상 추천 모델도 한몫한다. 무한스크롤의 다음 영상은 무작위가 아니다. 당신의 최근 영상 체류 패턴, 중단 지점, 반복 시청 테마에 맞춘 '점수'가 매겨진다. 이 점수는 당신의 약점을 겨냥한다. 늦은 밤에 개그 영상을 오래 보면, 그 시간대엔 개그가 더 큰 비중으로 뜬다. 출근길에 뉴스 하이라이트만 훑으면, 그 시간대엔 요약본이 전면에 나온다. 맞춤은 편의로 느껴진다. 그러나 반복된 맞춤은 "스스로 선택한다"는 감각을 줄인다. 선택 감각이 줄면, 멈추기 위한 감각도 줄어든다. 멈추지 못하는 것은 결국 선택하지 못하는 것과 같다. 스스로의 삶에 대한 느낌이 옅어진다. 옅어진 느낌은 무력감을 낳고, 무력감은 더 많은 자동을 부른다.

그렇게 고리는 닫힌다.

물론 무한스크롤과 자동재생이 마냥 나쁘다는 이야기가 아니다. 이 둘은 정보 접근성을 크게 높였다. 탐색의 비용을 줄였고, 작은 창작자에게도 도달 기회를 열었다. 원하는 방향이 있으면 그 분야에 대한 정보를 얻기도 훨씬 용이해졌다. 문제는 목적이 없을 때, 그리고 피로할 때, 이 기술이 '생각의 빈칸'을 거의 완벽히 제거한다는 점이다. 빈칸은 사치가 아니다. 판단의 토양이 되어준다. 빈칸이 없으면, 당신은 남이 심어 준 씨앗만 본다. 스스로 씨앗을 고르고, 심고, 가꾸는 시간은 사라진다. 그러면 방금 앞전에 이야기했던 '속도'는 떨어진다. 빠른 소비가 아니라, 빠른 수정의 능력이 줄어든다. 수정의 능력이 줄면, 실수는 반복된다. 반복은 사회적 비용을 키운다.

알고리즘의 추천은 선택지를 어떻게 좁히는가

 우리가 퇴근하고 저녁에 먹을 음식을 시키는 순간만큼, 아니 어쩌면 더 고심하는 순간이 있다. 저녁 메뉴에 곁들일 저녁 영상을 고르는 일이다. 이상하지 않은가? 사실상 입으로 직접 섭취하는 음식은 '배달 음식'으로 대충 정해놓고, 거기에 함께할 영상은 아주 꼼꼼하게 깐깐한 기준과 취향으로 선정하고 있다. 이렇듯 영상을 고르는 과정에서 사람은 스스로 고른다고 느낀다. "그래, 이게 내 퇴근 이후 유일한 낙이야"라며. 하지만 실제로는 고르기 전에 이미 목록이 정리돼 있다. 화면 바깥에서 우리에게 영상을 배급하고자 그간의 목록을 정리하는 손이 있다. 당신이 무엇을 얼마나 오래 봤는지, 어디서 멈췄는지, 어느 시간대에 어떤 주제를 택했는지, 누구와 유사한 패턴을 보이는지. 이 자취가 숫자로 변하고, 숫자가 일종의 지도를 만든다. 지도 위의 길목마다 깃발이 꽂힌다. 당신을 공략하는, 당신에게 더 선택받을 공략 지도. 그중에서 깃발이 많은 길이 첫 화면에 나타난다. 당신은 내가 길을 고른다고 생각하지만, 사실은 이미 제작된 지도 위를 걷고 있다. 길은 이미 다 그려져있고, 그중에서 당신이 어떤 깃발을 따라갔는지, 그 결과가 다시 기록이 되고, 기록이 숫자를 키우고, 숫자가 더 촘촘한 깃발을 불러온다. 이 순환만으로도 선택지는 절반으로 줄어든다. 보이지 않는 것은 처음부터 고려 대상이 아니다. 보이지 않으면 생각도 못 한다.

시스템의 계산은 항상 새로움과 익숙함 사이에서 이뤄진다. 모험을 조금만 하고 곧바로 안정에 안착한다. 한 번 반응이 잘 터진 형식과 주제, 오프닝 몇 초의 리듬, 문장과 이미지의 조합이 반복 투입된다. 반복은 반응을 또 만든다. 반응 곡선이 올라가면 엔진은 "비슷한 걸 더"라는 신호로 읽는다. 지도 위에 새 길을 여는 작업은 위험과 비용이 든다. 이미 나 있는 길을 넓히는 편이 이익이 확실하다. 그래서 목록은 다르게 보이는 것들로 채워진 척하지만, 실제로는 변주에 그친다. 다름의 얼굴을 한 같음이 전면을 차지한다.

추천은 친절한 척하지만, 실제로는 진입로를 줄이는 공사다. 당신이 오래 머문 화면, 멈칫한 순간, 손가락이 눌렀던 포맷이 로그로 남고, 그 로그가 "당신 같은 사람이 좋아했던 것"을 재배열해 첫 화면을 채운다. 첫 화면에서 멀어진 것들은 존재해도 없는 것처럼 취급된다. 사람은 눈앞에서 고른다. 그래서 추천은 선택지를 넓히지 않는다. 보이는 폭을 좁힌다. 좁아진 폭 안에서 다시 반응하면, 알고리즘은 "정확해졌다"고 확신을 강화한다. 이렇게 폭이 닫혀가면 당신이 고르는 게 아니라, 고를 만한 것만 보게 되는 상태가 된다. 바깥에서 보면 이게 실은 NPC다. 같은 장면, 같은 리듬, 같은 분노. "왜 다들 똑같냐"가 아니라 "왜 화면이 똑같냐"가 맞다. 조회수가 많다는 게 무엇인가? 사람들에게 특정 영상이 실시간으로 유행하고 있다는 게 무슨 뜻인가? 결국 이러한 알고리즘 위에서 우리는 같은 것을 보고, 비슷한 감정을 느끼고, 비슷한 생각을 갖게 된다. 나와 비슷한 생각을 하게 된 사람들을 보며 그 생각에 합리성을 부여하고, 나는 주류로부터 떨어져 있지 않다며 안심하곤 한다. 이게 맞는가? 우리는 결국 다양성을 추구하면서도 같은 것을 보고 있게 된다.

이러한 좁힘은 실수나 중립의 산물이 아니다. 손해를 싫어하는 플랫폼의 경영 합리다. 화면 위 표시 하나가 반응을 못 받으면 일종의 비용이 생긴다. 비용을 줄이려면 검증된 포맷을 반복해야 한다. 자극적인 제목, 익숙한 앵글, 구도, 멘트. …진짜 말그대로 익숙해진 것들. 이런 조합이 평균 체류를 늘리고, 평균 체류가 늘면 상단 고정 확률이 오른다. 상단이 알고리즘에 의해 고정되면 실험적인 선택을 위한 자리가 사라진다. 삶에서 실험이 사라지면 취향은 늙어간다. 늙은 취향은 더 쉽게 예측된다. 와인이나 위스키처럼 오래 되다고 좋은 게 아니다. 그저 값싼 취향, 흔한 취향이 되고 이처럼 예측 가능한 군중은 값싸게 동원된다. 한국의 타임라인이 매일 같은 프레임으로 나오는 이유가 여기에 있다. "당신이 좋아할 만한 분노"가 정확히 배달되고, 당신은 생각보다 훨씬 자주 공유 버튼을 누른다. 그 한 번이 모여 또 오늘의 대한민국을 만든다.

정치 장면에서 이건 더 노골적이다. 오늘의 뉴스가 200개여도 당신 화면의 첫 스무 개가 당신이 바라보는 한국을 대표한다. 그 스무 개 안에 장문의 글이나 원문 자료가 드물다면, 하루는 클립과 누군가의 평론으로 채워진다. 평론은 의견을 준다. 의견이 먼저 들어오면 사실 확인이 줄어든다. 확인이 줄면 확신이 빨라진다. 빨라진 확신은 반대를 악의로 번역한다. 악의로 번역되는 순간 타협은 배신으로 느껴진다. 배신 프레임이 굳으면 공론장은 승부판이 된다. 이때부터는 전향도 쉽지가 않고, 새로운 의문을 받아들이기도 어려워진다. 의도와 무관하게 진영에 발을 담군 순간부터는 그 진영에서 제작된 컨텐츠들을 보고, 받아들이면서 더욱 깊어지기만 한다. 반대편의 컨텐츠들은 "합리적인 의견"이 아니라, 이 승부판에서 그저 오가는 총탄, 미사일과 같이 일종의 "공격 수단"으로만 받아들여진다. 이런 승부판에서 제대로 된 정책은 팔리지 않고, 그저 싸우기만 하는 판 위에서 제도는 표류한다. 표류가 길어지면 결국 나머지 사람들은 냉소가 기본값이 된다. 승부판에 뛰어든 사람들은 "극"이라는 단어가 붙어 양쪽으로 갈라치고, 그 판 바깥의 사람들이 보기에 양쪽은 다 같아 보인다. 결국 이러한 냉소는 "다 똑같다"라는 구호를 낳고, 그 구호가 바로 이 시대의 알고리즘이 가장 사랑하는 부분이다. 이 과정에서 정치판에는 세 부류만 남는다. "극우, 극좌, 중도를 가장한 NPC들". 언론과 정치를 바라보면 화면은 풍성해 보이지만, 건설적으로 논의된 안건은 줄어들고 그저 이곳도 저곳도 싸움판이다. 이게 요즘의 한국이다.

개인적인 측면에서도 이런 좁힘은 크게 다가온다. 추천 탭만

돌다 보면 검색어를 직접 치는 행동이 줄어든다. 직접 입력은 작은 노동이다. 노동을 줄이면 목적이 흐려진다. 목적이 없는 상태에선 탭 상단이 기준이 된다. 추천 탭을 믿을수록 편하겠지만, 편할수록 삶은 대중의 평균 취향에 정렬된다. 평균에 정렬된 선택은 실패 확률을 낮추지만, 온전한 맞춤형 성공의 확률도 같이 깎는다. 덜 나쁜 하루가 늘고, 정확히 자신에게 좋은 하루가 줄어든다. 이것이 반복되고 오래가면 성격으로 착각한다. "나는 원래 이런 걸 좋아해." 아니다. 추천이 당신의 반응 습관을 취향으로 명명했을 뿐이다. 이런 상황이 굳어지다 보면, 새로운 분야나 정보에 대한 업데이트가 자기부정처럼 느껴진다. 내게 있어 "자리잡은 알고리즘"을 반하는 반대되는 정보들을 쉽게 뒤엎기는 어렵다. 그 지점부터는 어제가 오늘을 지배한다. 내가 미래를 만들어나가는 것이 아니라, 미래는 그저 과거로부터 정해진 방향성을 굳게 확인시켜가는 것 뿐이다.

여기서 "알고리즘이 나쁘다"는 말로 도망쳐서는 안 된다. 문제는 우리가 알고리즘에 부여하고 있는 권한의 배분이다. 당신의 하루에서 추천이 가져가고 자연스레 점유하고 있는 권한을 조금이라도 되돌리면 된다. 시작은 순서의 복구다. 적어도 목적을 먼저 세우고 소스를 직접 고르고, 추천은 참고자료로만 활용하는 수준으로 낮춰라. 오늘이 정보 수집이면 원문과 장문, 그리고 반례 같은 것들을 우선적으로 확인하고, 분위기 파악이면 평론과 클립을 뭉쳐 놓아라. 알고리즘의 숲에서 방향을 정하고 이탈하고, 내가 새롭게 분류하는 것이다. 중요한 건 정한 목적이 화면의 상단을 이기게 만드는 순서다. 앞에 쌓여있는 수북한 영상들을 제치고, 원하는 목적에 가까운 후보를 추천에서 발견했으면, 다시 결정은 검색창으로 옮겨라. 같은 키워드라도 직접 만든 검색어로 다시 들어가면 목록의 폭이 넓어진다. 적어도 "내가 검색해서 들어간 것"과 "원했는데 때마침 추천에 나온" 영상을 고르는 작은 차이가 이런 사회에서는 크게 작용한다. 하루에 한 번은 의도적으로 평소와 다른, 반대되는 영상도 목록에 꽂아봐라. 억지로라 들어온 반례가 좁힘을 느슨하게 만든다. 느슨해진 틈에서만 새로운 업데이트가 가능하다. 이게 "정치"뿐만 아니라, 모든 것이 망가진 시대의 최소한의 훈련이다. 거창한 원칙이 아니라 마음가짐의 차이다.

그리고 이건 당신의 탓이기도 하다. 나 하나쯤이 모여 이러한 모양이 되었다. 나 하나쯤 추천만 보고, 나 하나쯤 댓글만 보고, 나 하나쯤 확인 없이 단정하고, 나 하나쯤 긴 글은 다음으로 미룬 선택. 이 합이 공론장의 품질을 만들어버렸다. 요즘 시대가 얕아졌다고 욕하면서, 당신의 하루도 그 얕음과 같은 엔진으로 돌아간다. 빠른 보상, 강한 워딩, 즉각적인 결론, 책임 분산. 이 엔진을 끄지 않으면 누구로 바꿔도 같은 결과다. 그러니 입으로만 각성하지 말고, 순서를 바꿔라. 의문을 먼저 찾고, 필요한 것을 정한 뒤에, 추천받지 않은 결정으로 스스로를 이끌어라, 추천은 그저 참고값으로만 두어라. 같은 피드를 보더라도, 이렇게 고르는 사람은 문장 그대로 '다르게 보인다'. 이 시스템이 왜 자신에게 그것을 추천하는지 먼저 의문을 가져야 한다. 그 순간부터 남이 던져둔 코드에 대사만 치는 NPC가 아니다. 화면은 그대로여도 우리의 작동 방식은 바뀌게 된다.

탐색 비용이 높을수록 왜 같은 것만 고르나

이 시대에 탐색 비용은 단순한 수고를 의미하지 않는다. 시장에 있는 정보의 양, 비교의 난도, 반례 검증의 시간, 그 선택이 틀렸을 때의 손실까지 합쳐진 총비용이다. 현대의 화면은 이 비용을 체계적으로 높인다. 관련 없는 항목을 추천으로 끼워 넣고, 핵심 변수는 추가 클릭 뒤에 숨기며, 서로 다른 기준들을 동일 척도로 평평하게 만든다. 사용자는 "선택"을 한다고 느끼지만 실제로는 "비용 회피"를 수행한다. 괜히 애매한 영상이나 자료를 볼 바엔 확실한 리턴이 있는 결과물을 찾아 헤매게 된다. 애매할 것 같다 싶으면 일단 "나중에 볼 동영상"이나 "저장" 항목에 넣어두고, 방치한다. 넘어가고, 확실한 걸 찾는다. 한 번 넣어둔 항목을 다시 꺼내볼 가능성보다, 그 시간에 다른 컨텐츠를 찾고 있을 가능성이 더 높음에도 불구하고 일단은 "넣어두면 언젠가 보겠지"라는 마음가짐이 회피에 정당성을 부여해준다. 이러한 비용 회피가 지배하면 판단은 질이 아니라 방어 가능성에 맞춰진다. 방어 가능성이 큰 선택은 이미 대중적으로 검증된 것들이다. 그래서 추천 탭 상단과 조회수, 이미 "보장된" 쪽으로 흐른다. 이 흐름이 반복되면 선택의 다양성이 사라지고, 시장은 평균의 자기증폭 구조를 갖는다. 평균이 강해질수록 이탈의 비용은 더 커지고, 커진 비용은 다시 평균을 두텁게 만든다. 결과는 동형화다. 서로 다른 개인의 좌표가 표준 포맷 안으로 압축되고, 바깥에서 보면 모두 같은 기준으로 같은 결론을 낸다.

정치·경제·문화 어디든 이 구조는 같은 문법으로 작동한다. 위험이 크고 책임이 분산된 영역일수록 탐색 비용은 체계적으로 높다. 정보는 쏟아지지만 진입 장벽은 서류·전문용어·조항으로 구성되어 있다. 이런 조건에선 "틀리지 않는 선택"이 집단적으로 최적화된다. 틀리지 않는 선택은 과거의 다수결, 권위의 인증, 상단 노출 같은 간접 지표를 따른다. 간접 지표는 근거처럼 보이지만 원인-결과의 연결 대신 "이미 선택된 것"을 반영한다. 따라서 의사결정은 사실상의 추정 투표가 된다. 추정 투표가 누적되면 새로운 정보가 들어와도 갱신이 느리다. 갱신 비용이 기존 합의의 무게보다 가벼워야 업데이트가 일어나는데, 화면과 제도는 그 무게를 늘리는 방향으로 설계되어 있다. 소송 위험, 평판 리스크, 조직 내부의 평가 체계가 모두 "지난번처럼"에 보너스를 준다. 보너스가 붙으면 탐색은 불필요한 사치로 낙인찍히고, 실험은 일종의 일탈로 취급된다.

더 나아가 탐색 비용이 높을 때는 표준화된 설명이 권력이 된다. "이유"보다 "정당화"가 선택을 지배한다. 정당화 가능한 문장은 포맷을 선호한다. 포맷은 재사용이 가능하고, 검증이 끝났으며, 외부 공격에 강하다. 그 결과 판단은 "사건-가설-반례-수정"의 느린 루프가 아니라 훨씬 더 빠른 호흡으로 대체된다. 빠른 호흡은 대중을 동원하는데는 유리하지만, 설계에는 치명적이다. 설계는 변수의 계층을 세우고, 상충 조건을 정리하고, 장기 결과의 분포를 추정하는 일이다. 이 일은 필연적으로 탐색 비용을 요구한다. 비용을 싫어하는 시스템은 세부적인 내용보다도 "슬로건"만을 살리고, 슬로건은 경쟁을 구호 경기로 만든다. 구호 경기에서 승자는 발화의 강도와 타이밍으로 결정된다. 발화가 구조를 대체하는 순간, 집단은 평균의 방향으로만 움직인다. 평균의 방향으로만 움직이는 집단은 충격에 취약하고, 취약한 집단은 외부 파형에 동조한다. 동조가 습관이 되면, 개인은 내적인 언어를 잃고 외부에 휩쓸리며 그저 다른 이들과 같은 말을 남긴다. 그때부터 그 사람은 바깥에서 보기엔 복제된 NPC로 보인다. 그리고 그 슬로건, 같은 구호들, 같은 목소리를 내고 싶지 않은 사람들에게는 침묵을 강요하게 된다. 그때부터는 또 다른 사람들을 NPC로 만드는 것과 비슷한 양상을 가진다.

이 구조를 비난하는 데서 끝나면 아무것도 바뀌지 않는다. 요점은 탐색 비용이 판단의 질을 결정하는 구조 변수라는 인식이다. 구조 변수를 바꾸지 못할 때 개인이 할 수 있는 일은 단순한 생활 요령이 아니라, 결정의 형식을 재설정하는 것이다. 형식을 바꾼다는 뜻은 선택의 단위를 "좋아 보이는 것의 집합"에서 "나 자신의 기준을 만족하는 집합"으로 전환하는 것이다. 전자는 화면과 알고리즘이 제공하는 후보군 안에서의 선호도 투표이고, 후자는 특정 문제에 부합하는 해결의 구축이다. 이것을 먼저 세우면 추천탭과 인기 급상승 동영상 같은 "대중적인"이라는 단어가 가진 방어력은 약해진다. 타인의 선택을 받고 추천된 것들로부터 떠나서, 내가 생각했을 때 적합한 것들을 쌓기 시작하는 순간 동형화에 대한 압력은 줄어든다. 압력이 줄면 미세한 차이가 다시 의미를 갖는다. 의미가 돌아오면 NPC에서 벗어나 플레이어로의 업데이트가 가능하다. 업데이트가 가능해져야, 같은 장면을 보더라도 다른 결론이 나온다. 그리고 그 차이가 축적될 때만, 이 시대의 집단적 복제가 균열을 보인다.

기본값이 삶을
기본값으로 만드는 순간

　시대가 발전할수록 우리가 사용하는 어플들, 플랫폼들은 늘어만 간다. 그리고 이 모든 곳에 "기본 옵션"이 존재하고 있다. 하지만 기본값은 단순한 "기본"이 아니다. 설계자가 깔아둔 일종의 가설이다. 그런데 사람은 기본값을 마치 보장된, 안전한 선택지처럼 느낀다. 이유는 단순하다. 바꾸려면 에너지가 든다. 에너지가 드는 일은 내일로 미뤄진다. 지금도 나쁘지 않은데 굳이 옵션을 바꿔서 실험해볼 필요가 없다고 느낀다. 큰 변화가 없을 거라고 생각되는데 거기에 에너지를 투자할 필요를 느끼지 못한다. 이런 생각들로 판단이 미뤄진 사이 기본값은 효력을 발휘한다. 한마디로, 지금까지 이야기했던 모든 것들이 사실상 "세팅"되어 있다는 것이다. 여기에서 벗어나기 위해서는 "선택"이 필요한데, 이 선택조차 현대인들에게는 노력해야 되는 부분이 되어가고 있다. 어플을 다운로드하고 계정을 만들면 알림과 메일, 문자를 받게 되고, 구독은 취소가 가능하다고 주장하지만 사실상 한달 뒤 잊혀지게 되는 순간부터 자동 연장이며, 위치·연결·맞춤 설정은 별 생각 없이 지나가면 바로 모두 오픈이다. 이런 화면 위에서 일어나는 일들이 모여서 나 자신이 되는 것이나 다름이 없다. "나는 원래부터 롱폼보단 숏폼이 체질이야", "나는 원래부터 긴 건 못 본다. 책을 왜 읽는지 모르겠다. 요즘 시대에는 유튜브로도 충분히 가능하다." 같은 말들. 원래는 무슨 원래인가. 결국 어플이, 기업이 설정해둔 기본값들이 모여서 당신의 기본값이 되어버린 거다.

기본값은 두 겹으로 작동한다. 첫 겹은 마찰의 비대칭이다. 켜져 있는 것을 끄는 데는 확인과 경고가 붙고, 꺼진 것을 켜는 데는 혜택과 추천이 붙는다. 사람은 작은 마찰에도 늘어진다. 늘어진 사이 데이터는 수집되고 추천은 정밀해진다. 정밀해질수록 화면은 더 편하다. 편해질수록 바꿀 이유가 줄어든다. 둘째 겹은 책임의 이동이다. "동의하고 계속"을 누른 주체는 사용자다. 이후의 결과는 사용자의 선택으로 번역된다. 선택의 실질은 설계였어도, 문서의 언어는 동의였다. 동의의 누적은 자책을 낳고, 자책은 회피를 낳는다. 회피는 기본값을 더 오래 남긴다. 오래 남은 기본값은 규범이 된다.

이런 상황에서 더 나아가 정치는 기본값의 천국이다. 개인의 주민등록번호, 주소, 신고, 열람, 인증, 보관, 공개. 서류의 문장과 시스템의 버튼이 표준 절차를 정하고, 표준 절차가 행동을 정한다. 디폴트가 "참여하지 않음"이면 참여율이 무너지고, "자동 갱신"이면 제도는 오래 산다. 포털의 배치, 뉴스의 처음 상단 탭, 선거 기간의 추천 모듈, 공공 사이트의 접근 순서 같은 사소한 구성이 의제의 입구를 만든다. 입구가 이렇게 정해지면, 사람은 사실상 같은 길로 들어간다. 같은 길에서 같은 순서로 같은 장면을 본다. 이런 길이 같으면 그 길을 걷는 우리의 모습도 같아진다.

기본값은 심리의 바닥도 바꾼다. 켜져 있는 알림과 자동재생은 뇌의 기대선을 올린다. 반응을 못 받으면 불안하고, 느린 문서를 보면 지루하다. 뇌는 '즉시형'에 맞춰 회로를 재배치한다. 재배치된 회로는 긴 작업을 고통으로 해석한다. 고통을 피하려면 인생을 짧은 반복으로 나눠야 한다. 짧은 반복은 안전하다. 안전으로

둔갑한 편안함이 늘수록 작은 실패가 쌓이고, 작은 실패의 합이 큰 실패가 된다. 그때 사람은 변명하며 여러가지를 탓한다. 아니다. 환경의 기본값이 인지적인 부분을 잠식해버린 것이다.

  물론 한국적인 장면을 놓칠 순 없다. 주요 뉴스·공고·통지를 어떤 기본 채널에서 받아보는지, 장문 자료의 기본 위치가 화면 어디에 있는지, 원문 대비 요약이 얼마나 쉽게 눈에 띄는지가 당신을 바꾼다. 이제는 요약과 특정 사건에 대한 평론이 기본값이 되어있고, 원문은 늘 한 번 더 클릭해야 나온다. 앞에서 이야기한 것처럼 "제목"만 봐도 이 제작자가 내가 그 사건을 어떻게 대하기를 바라는지를 알 수 있다. 이러한 기본 세팅들이 당신에게 '민심'으로 인식되는 순간, 사람들은 정치와 사회, 경제에서도 "요약 가능한 내용"만을 찾는다. 이 틀에서 시민은 긴 글을 마치 죄로, 느리고 오래 가는 과정을 고통으로 받아들인다. 그리고 그것을 기본값처럼 후배 세대에게 넘긴다. 결국은 모든 것이 빠르게만 지나가고, 그사이에 정작 중요한 것들 역시 빠르게 흘러가 버린다. 우리가 그저 "요약된 자료"들, "뉴스 헤드라인"으로만 받아들이고 넘긴 내용들 사이에 정작 중요한 내용이 하나가 없었을까.

  또한 기본값의 권력은 반대로도 증명된다. 몇 군데에서만 디폴트를 뒤집어도 풍경이 달라진다. 회의 초대의 기본 응답을 "거절"로, 뉴스는 댓글보다 "장문, 원문 먼저"로, 선거 기간에는 그저 단순한 공약이 아닌 "경제·법·예산 원문" 먼저 보는 것으로 바꾸는 순간, 기존과는 메커니즘이 달라진다. 행동이 달라지면 나오는 언어가 바뀐다. 단순히 설파하고, 흩뿌려지는 영상과 자료들을 받아들이더라도 기존처럼 "이게 맞다던데"가 아니라 "원문 가져와라" "근거는 뭐냐"가 나오게 된다. 정보를 한 번 필터링하게 되는 단계로 나올 수 있다는 것만으로도 사고가 느리지만 견고하게 바뀐다. 견고함이 누적되면, 빠르고 얕은 것들이 뒤로 밀린다. 뒤로 밀려야 화면이 사람을 덜 지배하고, 스스로의 의견을 갖출 수 있다.

물론 기본값을 죄악시할 필요는 없다. 다만 기본값이 말한 것처럼 특정 기업과 플랫폼에서 시행하는 실험이자 정책이라는 사실을 잊지 마라. 누군가의 가설, 누군가의 목표, 누군가의 비용 구조가 반영된 설계다. 이런 것들을 온전히 설계로 볼 수 있는 순간부터 선택은 돌아온다. 선택이 돌아와야 책임이 의미를 갖는다. 책임에 대한 의미를 아는 사람만이 앞으로 시대를 살아가는데 필요한 정보들을 업데이트할 수 있다. 업데이트가 가능한 사람은 같은 화면을 들여다보고 있어도 다른 결과를 낸다. 보는 화면을 바꾸는 것도 중요하지만, 같은 화면을 보고도 다른 길로 갈 수 있는 능력, 다른 생각을 만들어낼 수 있는 능력, 같은 의견에 대한 다른 비판을 할 수 있는 능력. 이 차이가 쌓여야 "다 똑같이 보이는" 풍경에 균열이 난다. 균열이 있어야 다음 문장이 가능해진다. "우리는 원래 이랬다"가 아니라 "우리는 이렇게 설계되어 왔다."

핵심은 의지나 성향이 아니다. 순서다. 화면이 먼저냐, 당신의 규칙이 먼저냐. 누군가 제공하는 기본값을 가장한 선택지의 강제가 먼저냐, 당신의 해석이 먼저냐. 먼저 놓인 것이 나머지를 규정한다. 지금까지는 화면이 먼저였다. 그래서 당신이 뒤따랐다. 이제 순서를 바꿔야 한다. 순서를 바꾸는 일은 배치의 교체다. 무엇이 열릴지, 어디서 시작할지, 무엇을 보이게 할지. 이 건조한 선택이 결국은 큰 변화를 위한 작은 변화다. 우리의 현재는 기본값으로 드러난다. 방치된 기본값들이 지금의 현실을 만들어냈다.

휘발성 보상이 일·연애·학습을 평준화하는 방식

우리가 끈기를 갖고 노력하기 어려운 부분이 무엇일까? 나는 이 문제를 노력에 대한 보상의 시점에 관한 문제라고 본다. 우리의 인생은 게임에 비해 피드백이 느리다. 리그오브레전드나 오버워치, 발로란트와 같은 게임은 기쁨, 분노와 같은 "감정"을 플레이함과 동시에 즉시 얻을 수 있고, RPG 게임은 이보다 더하다. 캐릭터의 성장과 강해지는 것, 돈을 들이는 대로 업그레이드되는 것이 바로바로 눈에 보이기 때문에 더 많은 투자를 하게 되고, 더 많은 돈과 시간을 쏟아붓게 된다. 하지만 인생은 어떻던가? 수많은 미디어와 매체에 노출된 지금 우리는 더 이상 장기간에 걸쳐 피드백을 확인해야 하는 인생에 꾸준하고, 질좋은 노력을 쉽게 쏟아붓지 못한다. 그런 맛에 길들여진 우리는 현실 속에서도 휘발성 보상만을 찾게 되는 것이다.

이런 휘발성 보상은 즉시, 간단, 가벼움으로 이뤄진다. 클릭 한 번, 하트 한 번, 알림 한 번으로도 받을 수 있는 감각적인 이윤. 값은 싸고 공급은 무한하다. 싸고 무한한 보상이 일·연애·학습에 있던 지금까지의 규칙을 교체한다. 긴 준비와 느린 성장이 먹히던 영역에서, "즉각적인 반응"은 일종의 보상으로 작용한다. 이런 반응과 감각이 보상을 대체하면 구조는 단순해진다. 행동에 대한 책임도 그에 따라 얇아진다. 얇아진 책임 위에서 사람은 리듬을 맞춘다. 같은 타이밍에 같은 제스처를 반복한다. 화면이 꺼져있는 핸드폰은 그저 하나의 "전자기계"에 가깝지만, 화면이 켜지는 순간 도파민을 배급받는 송신구가 된다. 이런 모습을 밖에서 지켜 보면 다 비슷하게 보인다. 모두가 핸드폰만을 들여다보고 있는 모습은 사실상 NPC 그자체를 대표하는 모습이라고 봐도 크게 이상할 수가 없다. 우리가 살아가는 세상은 화면 밖에 있건만, 우리를 구성하는 내부를 이제는 핸드폰이 채워버리기 때문이다. 이건 모욕이 아니라 기계적 결과다. 보상까지 오는 텀이 짧아질수록 행동은 단순해지고, 사람들은 같은 행동을 반복한다. 이것이 모두를 닮게 만든다. 괜히 NPC "월드"가 아니다.

  자세히 들여다보자. 일의 현장에서 이러한 현상은 목표를 바꾼다. 빅데이터를 앞장세운 데이터마이닝, 데이터분석… 숫자를 세는 도구가 널리 보급되자, 숫자로 쉽게 잡히는 것들이 우선권을 얻는다. 진행률, 반응의 수, 전환율 같은 항목이 산업 전면을 먹는다. 이 지표들은 한계가 있다고 하더라도 당일에도 즉각적으로 얻을 수 있고, 실시간으로 일종의 칭찬을 받는다. 반대로 설계 변경, 위험 가정 및 검증, 실패 데이터 축적 같은 느린 일은 반응을 늦게 준다. 늦게 오는 보상은 조직에서 존재감이 작아진다. 존재감이 작아지면 예산이 줄고, 예산이 줄면 인력도 빠진다. 결국 남는 것은 느린 것들에 대한 관심 대신 "오늘도 바빴다"는 휘발성 성취감과 몇 개 채워진 체크리스트 뿐이다. 그 위에서 누적되는 결과물과 그 기반은 얄팍해진다. 얄팍한 결과물은 다음 분기에도 같은 포맷의 보고를 요구한다. 보고가 실무를 먹는다. 실무가 줄면 다시 보고가 늘어난다. 악순환의 고리다. 우리가 지금 좋은 데이터를 만들어가는 것인지, 좋은 데이터만을 추출하는 것인지, 데이터를 좋게 추출하기 위해 이 모든 것들을 하고 있는 것인지 혼돈이 오기 시작하면서 본질을 잃게 된다. 데이터를 분석하고 그것을 바탕으로 목표를 설정해 나아가는 것은 중요하지만, "좋은 데이터"만이 주가 된다면 업무의 본질에 대한 고민을 해볼 시점이라는 것이다. 이러한 순환 고리에서 사람은 "나는 원래 장기적인 과제랑 안 맞아"라는 자기만의 서사를 만든다. 원래 그런 사람이 아니다. 그저 즉각적인 피드백에 익숙해진 것이다.

연애와 관계에서도 동일한 현상이 일어난다. 하다못해 이제는 사람 사이의 관계 속에서도 "빠른 관계"를 원한다. 어차피 너도 나도 서로가 원하는 거 피차 알고 있는데 뭐하러 이것저것 재냐는 것이다. 빠른 손절, 이런 단어를 넘어서 인간관계에 있어서도 투자를 버거워한다. 그러다 보니 애초부터 각자의 조건을 맞추기 시작한다. 퍼즐을 굳이 맞춰가지 않고, 애초부터 맞는 퍼즐을 찾겠다는 것이다. 그러면 사실상 게임의 캐릭터처럼 정형화된 수치들이 "나"를 상품화하기 시작한다. 이후엔 매칭, 읽씹 여부, 응답 속도 같은 피드백이 관계의 발전 가능성을 나타낸다. 가능성이 높아질수록 다음 시나리오로 넘어간다. 거기서부터는 가능한 일정 내에서의 빠른 선택만 남는다. 천천히 관계를 쌓아야 보이는 가치관, 그 사람의 인간관계, 내면의 요소들은 이런 휘발적인 보상을 위해 잊혀진다. 잊혀지지 않더라도 마치 감점 요인처럼 취급된다. 복잡하고 길어 보이는 구닥다리를 왜 따지고 있냐는 것이다. 오히려 그런 것들은 진지한 대화라면서 "분위기 망침"으로 간주될 뿐이다. 하지만 이런 과정 속에서 사람들은 서로를 깊게 확인하기보다 그저 넘어간다. 확인과 일종의 검증을 미루는 기술을 익힌다. 확인을 미루면 단기적인 보상과 만남은 있다. 그러나 미뤄둔 확인은 누적되고, 작은 마찰에 폭발한다. 문제는 미뤄둔다고 해결되는 것이 아닌 것처럼, 그 사람이 가지고 있는 문제들 역시 보지 않는다고 나에게 안 나타나는 것이 아니다. 결국 폭발이 잦아지면 "요즘 ○○들이 문제"라는 일반화가 나온다. 이게 아니라, 인간 관계에 작용하는 리듬이 문제다. 즉각적으로 반응을 잘 주는 사람이 '성격이 좋은 사람'으로, 느리게 관계를 쌓아가는 사람이 '진부한 사람'으로 포장되는 순간, 사회에 있는 전반적인 관계가 오래 버티지 못한다. 서로를 알아가는 과정조차 못 견뎌서 빠르게 만나고, 빠르게 스킵한 사람들이 그 이후의 과정을 길게 견딜 수 있을까? 이것에 대해서는 확신할 수가 없다.

학습에 관한 부분에서도 즉각적인 피드백이 영향을 미치고 있다. 즉각적인 피드백? 물론 필요하다. 하이라이트, 요약, 퀴즈, 연속 학습에 대한 보상, 출석 체크. 이런 장치들은 학습의 마찰을 낮추는 데 효과적이다. 문제는 이것이 학습의 정의를 바꾸는 데까지 간다는 점이다. 진짜 학습은 개념의 연결과 반례의 흡수, 적용의 실패와 수정으로 이루어진다. 모두 느리고 복잡하다. 뇌가 불편하다. 반면 일종의 훈장처럼 나타나는 퀴즈 점수, 출석 여부 같은 것들은 빠르다. 오늘의 내가 어제보다 한 걸음 더 나아갔다는 신호를 날마다 준다. 이러한 신호는 제대로된 공부보단 "점수"와 "인정"을 위한 공부만을 추구하게 된다. 학습에 대하여 희미해진 이유 위에선 어려운 문제를 기피하는 게 합리적이 된다. 그거 한 문제 오래 붙들고 있을 바에 차라리 다른 문제들을 푸는 것이 "합리적"이기 때문이다. 하지만, 살아가면서 모르고 복잡하다고 넘어가도 되는 문제가 있던가? 인생은 계속된 공부의 연속이다. 쉬운 문제를 빨리 많이 풀어 당장의 보상과 성적이 늘면 성취처럼 느껴지지만, 실제 능력은 변하지 않는다. 하지만 우리 인생은 당장 내가 어려워 보인다고 넘긴 "복잡한 문제" 하나가 내 발목을 끝까지 잡는 일도 빈번한 것이다. 이런 과정 속에서 발전하지 못하고 포기한 능력은 시험 바깥에서 바로 드러난다. 문서 쓰기, 토론, 계획과 같이 장문으로, 복잡하게 보이는 분야에서 체력이 바닥난다. 바닥난 체력은 역시나 "나는 원래 인문·수학·글쓰기랑 안 맞아"라는 정체성으로 번역된다. 다시 말하지만 원래가 아니다. 그리고, 인생은 안 맞는다고 넘어갈 수 없는 문제들도 분명히 존재한다.

이젠 일과 사람, 학습을 넘어서 정치의 층위로 올라가 보자. 휘발성, 즉시성 보상은 공론장에서도 작용한다. 대중의 관심이 지지로 이어지고, 지지율이 커질수록 목소리가 커지게 되는 곳에서, 목소리가 가진 힘이 커진다는 이 비유를 "목소리가 커지면 지지율이 커진다"고 받아들이는 일이 생기게 된다. 당일의 박수, 당일의 분노, 이런 것들을 바탕으로 당일에 대중들에게 바이럴된 장면이 일종의 영향력을 측정하는 판단 기준이 된다. 그러면 그 순간부터 화제력, 영향력은 가치판단을 대체한다. "지금의 한 마디"가 먹히면, 긴 문서와 체계는 사치가 된다. 예산·법·규정·평가 같은 느린 합의가 화면에서 밀려나면, 공동체는 늘 오늘의 화제 덩어리만 삼킨다. 오늘의 화제 덩어리는 후유증을 남긴다. 후유증을 해소하려면 또 다른 새로운 화제거리가 필요하다. 그래서 매일 위기, 매일 결단, 매일 반복되는 토론과 비난이 호출된다. 호출에 성공하면 반응은 나온다. 반응이 나오면 일종의 "성과"처럼 기록된다. 이런 즉시성 성과는 다음 선거의 언어를 포맷화한다. 더 나아가 상대를 설득하기보다 지지층을 홍분시키는 데 최적화된다. 홍분이 이기면 타협이 진다. 타협이 지면 세밀한 설계가 없다. 세밀한 설계가 없으면 성과는 더더욱 보이는 신호로 대체된다. 쉽게 생각하면 "선거용 정책", 아니면 대중의 민심을 위한 정책들이 남발되게 된다. 이게 지금의 루프다. 즉시성 보상이 사회를 휩쓸게 되면서 정치적 층위에서도 "도파민"과 "아드레날린"을 주는 장면들이 선호되게 변한다. 그리고 그것을 소비하는 시민이 늘수록 이 구조는 탄탄해진다. 그래서 "왜 이렇게 요즘 사회가 천박해졌냐"는 질문은 절반만 맞다. 나머지 절반은 "당신도 천박한 장면에 멈춰서 소비하고 있지 않냐"다.

이쯤에서 불편한 진실을 다시 말해야 한다. 휘발성 보상은 악마가 아니라 기술이다. 문제는 기술의 배치다. 배치가 우리 삶과 가치관의 전면을 먹으면 중장기적인 보상이 사라진다. 사라진 자리에서 모두가 같은 보상을 위해 같은 행동을 하면 결국 사회적으로 개인이 가지는 의미가 무의미해진다. 그저 대중이 원하는 보상을 배급해주면 되기 때문이다. 이렇게 우리는 동일하게 맞춰져간다. 평균값의 인간들. 평균값의 인간은 싸다. 싸면 쉽게 교체된다. 이 교체 가능성이 불안을 낳고, 불안은 즉각적인 보상을 더 찾게 만든다. 하지만 즉각적인 보상을 더 찾고 따라갈수록 더 싸진다.

하지만 즉시형 보상은 없앨 수 없다. 이런 분위기 역시 실컷 비판했지만, 끝없이 비판할 수는 없다. 설계를 바꿔야 한다. 이것들을 뒤로 밀 수는 있다. 보상이 뒤로 밀린다고 무가치해지지 않는다. 제자리로 돌아갈 뿐이다. 제자리란, 긴 결정 뒤에 붙는 작은 환호, 긴 관계 안에서 오는 소소한 행복, 어렵던 문제가 해결되는 순간의 조용한 쾌감이다. 이 쾌감은 잘 팔리지 않는다. 대신 오래 남는다. 오래 남는 것이 사람을 바꾼다. 오래 남는 것을 늘려야 화면이 당신을 덜 지배한다. 화면 바깥으로 나오고, 세상을 쳐다보는 순간, 우리는 평균으로 향하는 인생에서 벗어날 방향타를 잡은 것과 같다. 여전히 같은 세계를 살지만, 더 이상 같은 자극에 반응하지 않기 때문이다.

댓글 수가 판단을 대체할 때 생기는 오류

언론사의 뉴스나 유튜브 영상, 심지어 숏폼 영상조차도 이제는 댓글을 먼저 본다. 수백부터 수천까지의 좋아요가 달려있는 댓글은 마치 대중을 대표하고 있는 것 같고, 그들이 내 의견을 대신 남겨준 것 같다. 그걸 보면 나는 주류의 인간이고, 정상인 거 같다. 대부분의 사람들이 나와 비슷한 의견을 가지고 있으니, 이것은 몹시 타당하고 논리적인 당연한 이야기다. 하지만 맞을까? 과연 그 숫자들은 투명한가? 좋아요가 일반 대중들의 생각을 대표하는가?

숫자는 우리를 안심시켜준다. 특히 화면 위 숫자는 더 그렇다. 좋아요, 조회수, 댓글 수는 한눈에 들어오고, 해석이 필요 없어 보인다. 그래서 사람들은 생각보다 자주 숫자에 결론을 뽑아낸다. "이 정도면 민심이지." "이만큼 달렸으면 사실이겠지." 그러나 화면 위 숫자는 사실의 강도가 아니라 가시성의 결과다. 많이 보이니 많이 눌렸고, 많이 눌리니 더 보였다. 물론 내용도 중요하겠지만, 결국은 타이밍이다. 누군가 정성스레 쓴 의견, 경험담 같은 댓글은 타이밍이라는 이름으로 묻히고 때론 의도치않은 일반인의 댓글이 확 떠오르기도 한다. 순서는 이렇게 거꾸로고 예측으로 해결되지 않는다. 이 사실을 모른 채 숫자를 근거로 쓰는 순간, 판단은 짧아지고 책임은 가벼워진다. 가벼워진 책임 위에선 모두가 같은 말을 고른다. 안전하고 빠르고 설명이 쉬운 말. 그래서 다 비슷해진다.

댓글 수가 오판을 만드는 첫 이유는 표본의 왜곡이다. 댓글을 남길 확률은 분노와 열광처럼 강한 감정이 있을 때 급격히 높아진다. 중간의 다수는 조용하다. 조용한 다수가 많은 사안일 때, 숫자는 더 왜곡된다. 조용함은 측정되지 않는다. 측정되지 않는 것은 존재하지 않는 것처럼 취급된다. 그래서 "조용한 다수"가 실제로 방향을 바꿀 순간에도, 화면은 끝까지 격렬한 소수의 흔들림만 보여 준다. 그런 화면을 오래 보면, 사람은 갈등이 상수라고 믿고, 타협은 배신으로 번역한다. 숫자가 열기를 끌어올리고, 올라간 열기가 다시 숫자를 키운다.

둘째 이유는 설계의 편향이다. 플랫폼은 체류를 팔고, 체류는 감정을 기반으로 한다. 강한 감정이 잘 달라붙는 포맷과 주제가 상단을 차지한다. 오래 머무를수록 댓글의 모수가 커진다. 같은 사실이나 일화라도 단정형 제목, 싸움 구도, 일종의 프레이밍을 얹으면 반응이 빨라진다. 더 빨리, 많아진 반응은 영상의 확산에 이점을 준다. 노출이 늘면 댓글이 더 붙는다. "많이 달렸으니 맞다"는 착각은 이렇게 만들어진다. 실제로는 "잘 팔리니 많이 달린 것"뿐인데, 우리는 그 과정을 잘 보지 않는다.

셋째 이유는 조작 가능성이다. 봇, 조직적 동원, 외부 커뮤니티나 특정 집단의 '몰아주기', 광고·홍보의 집행은 결과론적으로 표면상 동일한 숫자를 만든다. 게다가 조작이 없어도 시간대와 진입 경로만으로 큰 차이가 난다. 알고리즘에 힘입어 피드 상단에 노출된 30분의 효과는 그렇지 않은 열흘보다 클 수 있다. 그 30분은 내부 로직 한 줄, 유명 인플루언서의 선택 한 번, 유명 커뮤니티의 이슈 등으로 발생한다. 그 배경을 모른 채 결과만 본다면, 마주친 숫자가 권위처럼 느껴진다. 권위처럼 느껴지는 숫자는 질문을 멈추게 만든다. 주류를 거스르고 받아들이지 않을 사람이 많지 않기 때문이다.

 넷째 이유는 내용의 구조와 숫자의 구조가 어긋난다는 점이다. 복잡한 사안일수록 사실인지, 해설인지, 가설인지와 같은 부분을 분리해 읽어야 한다. 그러나 댓글은 이 부분을 섞는다. 감상, 조롱, 주장, 추측, 평가가 같은 줄에 놓인다. 사실상 말장난으로 이 모든 부분을 흐리게 만들고, 나중에 "몰랐다." 한마디면 넘어갈 수 있다. 몰라서 그랬다는 사과라도 있으면 다행인 시대다. 이렇게 섞여 있는 것의 총량은 사실상 의미가 없다. 오히려 섞임의 정도가 클수록 숫자는 커진다. 사람들이 서로의 관점에서 오해하며 격한 반응을 주고받기 때문이다. 이렇게 만들어진 대댓글 폭풍은 "논쟁이 활발하다"는 착시를 주고, 이것이 다시 알고리즘에 긍정적인 영향을 끼치기 때문이다. 그렇게 노출이 다시 늘고, 대댓글이 늘어나고, 하다못해 이제는 "댓글"만을 유도하는 컨텐츠들의 비중도 늘어나고 있다. 하지만 이처럼 활발해 보여도 실은 합의에서 멀어진다. 정작 제대로 된 합의가 아닌, 추측과 주장, 조롱과 회피의 공방이기 때문이다. 이렇게 합의에서 멀어질수록 현실의 간극은 벌어진다. 그 늘어진 공백에 대한 의문이 생길 자리를 다시 숫자가 메운다.

　숫자에 기대는 심리는 이해할 만하다. 정보는 넘치고 시간은 부족하다. 책임은 무겁고 반론을 일일이 가지기에도 피곤하다. 이 조건에서 인간은 대리 판단 장치를 찾는다. 별점, 순위, 조회수, 댓글. 대리 판단은 싸고 빠르다. 사실상 눈에 보이는 지불이 없기 때문에 무료라고 봐도 좋다. 싸고 빠른 도구가 늘면, 스스로의 근거를 세우는 능력은 퇴화한다. 근거조차 대댓글에서 찾고 있는 자신의 모습을 발견할 수도 있다. 이렇게 퇴화가 시작되면, 오히려 사람은 더 많은 대리를 찾는다. 대리의 합이 공론장을 덮을 때, 그때는 소음뿐이다. 계속해서 같은 문장, 같은 프레임이 복제된다.

　이런 상황에 대한 해법은 감정 교육이나 도덕적인 설교의 차원이 아니다. 오직 구분이다. 화면의 숫자를 볼 때, 한 번이라도 필터링을 거치는 습관. 댓글 수는 대중의 신호일 수도 있지만, 알고리즘의 효과일 가능성도 있다. 이미 잘 보였거나 잘 팔린 결과다. 많이 노출된 릴스에서 많이 노출된 댓글이 그 자리를 차지하고 있을 수도 있다. 적어도 신뢰할만한, 믿고 판단을 맡길 만한 댓글이려면 "누가, 언제, 어디서, 어떤 경로로" 같은 사실은 적혀있어야 하지 않겠는가. 그 정보를 우리에게 주지 않는 화면 앞에서, 그저 좋아요 숫자를 근거로 쓰는 태도 자체가 위험하다. 위험을 인식하는 순간, 사람은 조금 느리게 읽는다. 느려진 독해가 우리의 판단력을 복원한다.

정치와 삶의 차원에서 이 구분은 곧 책임의 복구다. "댓글이 많이 달렸다"는 말은 책임을 분산시킨다. "나는 분위기를 따랐을 뿐." 특정 댓글이 많이 달리면 그것이 국민의 의견인가? 반대로 "특정 표본을 바탕으로 추출한 특정 근거"는 서술과 수집 과정은 느리겠지만 적어도 책임을 질 수 있는 문장이다. 이러한 차이가 쌓이면, 숫자에 휘둘리는 군중 속에서도 구분하는 방법이 잡힌다. 대한민국에 지금 필요한 것은 그저 "같은 의견"을 같은 커뮤니티에, 같은 목소리를 가진 사람들과 내는 것이 아니라, 그것을 "하지 않는" 얼굴이 필요하다. 그런 얼굴이 늘어날수록, 화면의 숫자는 권위가 아니라 단순한 배경과 자료로 될 수 있다. 그때 권위가 현실이 다시 앞으로 나온다. 그리고 거기서부터가 이 시대의 진짜 의견이다.

숏폼 시대, 긴 호흡 작업이 사라지는 이유

영상의 길이가 짧다는 것은 그저 시간 없는 사용자들을 위한 친절처럼 보이지만, 실제로는 우리의 사고의 단위 자체를 바꾸는 새로운 패치 양식에 가깝다. 숏폼은 사건을 순간으로 쪼갠다. 롱폼 영상 하나를 제작하고 수십 개의 숏폼으로 자르는 제작 및 활용 방식만 봐도 알 수 있다. 잘라진 순간은 이유나 문맥을 요구하지 않는다. 감정과 반응만 요구한다. 편집은 영상의 앞뒤를 지우고 결과적으로 나온 자극만 남긴다. 자극은 강할수록 좋다. 강한 자극이 공유가 쉽다. 공유가 쉬운 것이 곧 팔린다. 팔리는 편집이 표준이 되면, 느리고 투박한 것들이 전면에서 사라진다. 롱폼은 여전히 돈이 되고, 숏폼 제작을 위한 하나의 방법으로 남아있겠지만, 그사이의 것들은 사라지고 만다. 이런 것들이 사라지고 숏폼만 남는 동안 사람들 역시 남는 게 없다. 보는 데는 성공했지만, 머릿속에서는 아무것도 자라지 않았다. 자라지 않는 사고는 다음에도 짧은 것만 찾는다. 짧은 것의 축적은 깊이가 아니라 속도의 훈련이 된다. 영상을 잘 본다는 게 무엇인가? 숏폼을 많이 보고, 숙달된다면 그저 숏폼을 빨리, 많이 보는 게 전부다. 이처럼 속도가 기준이 되면, 느리게 읽고 느끼도록 설계된 것들, 긴 글과 장기적인 내용들은 마치 무능처럼 보인다. 무능으로 보이는 것은 곧 삭제된다. 이렇게 긴 호흡의 작업이 우리 사이에서 설 자리를 잃어간다.

숏폼이 지배할 때 기억은 방식부터 달라진다. 뇌는 연결을 먹고 자란다. 연결은 시간의 다리를 건너며 생긴다. 그러나 숏폼은 다리를 불태운다. 전후 맥락 대신 "직전 영상"으로 축소되고, 원인은 "느낌"으로 대체된다. 감감이 늘면 세계는 단순해진다. 단순한 세계에서는 강한 단정이 이긴다. "저쪽이 문제다." "이게 답이다." "안 바뀐다." 판단의 언어가 이렇게 굳을수록 반박은 방해물로 느껴지고, 반대의 잣대를 들이대는 사람은 분위기 파괴자로 낙인찍힌다. 분위기가 지배하는 공간에서 대화는 멈춘다. 멈춘 대화의 빈자리를 또 다른 짧은 것이 메운다. 메우는 동안 현실은 변하지 않는다. 변하지 않는 현실은 다시 짧은 분노를 낳는다. 분노가 팔리고, 팔린 분노가 다음 편집을 부른다. 대화가 멈추고 숏츠를 보는 동안, 그런 현실 자체가 더 많은 것들을 불러일으킨다.

경제·정치·문화의 표면에선 "효율"이 명분으로 등장한다. 짧게 요약하고, 핵심만 말하고, 당장 볼 수 있게 만들자는 구호. 처음엔 도움이 된다. 그러나 핵심만 반복하는 문화는 오히려 핵심 자체를 얕게 만든다. 핵심이란 항상 주변부에서 그 힘을 공급받는다. 주변부에 촘촘히 쌓인 사례, 근거, 예외에 대한 분석, 실패의 로그, 긴 토론의 잔재. 이 느리고 지저분한 자료가 모여서 핵심에 영양을 준다. 숏폼의 세계는 이 주변부를 데이터베이스에서 지운다. 지워진 핵심은 점점 허공을 가리킨다. 허공을 가리키는 문장은 듣기만 좋다. 듣기만 좋은 문장은 영향력을 끌어오는 것에는 유리하지만 정작 쓸모가 없다. 설계와 분석이 약해지면 제도는 그저 떠버린다. 우리가 "짧고 굵게" 기억하는 것은 좋지만, 짧고 굵은 것만 본다면 사실상 그 뒤에 있는 무수히 많은 받침들은 정말 받침에서 끝나고, 나중에는 그 받침들의 중요성조차 망각되는 것이다.

이러한 숏폼은 기술을 넘어서 이젠 하나의 생태다. 생태가 되면 규칙이 생긴다. 그 첫째가 계속 이야기해 온 즉시성 보상이다. '즉시'라는 말은 뇌의 기대치를 올린다. 기대치가 올라가면 일단 늦게 주는 보상은 고문처럼 느껴진다. 긴 문서, 긴 회의, 긴 관계가 통증처럼 다가온다. 당장 30분짜리 영상은커녕 3분짜리 영상도 지겨워서 다음 영상이나 추천 영상탭을 들여다 보고 있는 게 우리다. 이런 통증 앞에서 사람은 합리적으로 회피한다. 회피가 누적되면 장기 프로젝트는 늘 내일이고, 내일의 나는 늘 피곤하다. 피곤한 나는 오늘의 나에게 빚을 진다. 이 빚이 바로 삶의 부채다. 부채가 쌓이면 중요한 것을 붙잡을 힘이 사라진다. 힘이 없으면 다시 짧은 것을 찾는다. 짧은 것의 즉시 위로가 부채의 이자를 잠깐 잊게 해 주니까. 그러나 이자는 사라지지 않는다. 다음 날 더 큰 피로로 돌아온다. 피로는 다시 숏폼을 부른다. 이렇게 시스템은 자가증폭한다.

숏폼은 조직의 언어도 바꾼다. 이젠 긴 보고서 대신 스크린샷이 성과의 증거가 되며, "오늘의 성과"가 "오늘의 숫자"로 대체된다. 그저 일방적인 반응이 쌓이면 실적으로 착시되고, 그런 착시는 승인을 가져온다. 승인을 받기 쉬운 포맷이 표준화되면, 표준은 사람과 집단 모두를 길들인다. 길들여진 사람은 위험을 싫어

한다. 위험을 줄이면 혁신도 줄어든다. 혁신이 줄면 더 강한 반응을 얻기 위해 승부해야 한다. 이 모두가 위에서 이야기했던 문제의 시작점이다.

"그래도 요약은 필요하지 않나?" "요즘 같이 빠르게 흘러가는 시대에 짧으면 더 좋은거 아닌가? 더 필요한 거 아닌가?" 라고 물을 수도 있다. 물론 필요하다. 다만 그게 문화, 산업의 전면이 되면 독이다. 요약은 그들에게 향하는 입구여야 한다. 숏폼이 유일한 통로이자 출구가 되면 사고는 축소되고, 축소된 사고는 현실을 단순화해 오판을 만든다. 하지만 오판의 비용은 개인이 아니라 공동체가 내기 마련이다. 전기요금과 같은 기본 생활요금의 인상, 부동산과 교육 제도 같은 장기 구조에 있어서는 그저 요약만으로 파악하고 결론낼 수 없다. 하지만 이런 것들이 강화되는 시대에는 정책도 그저 "한 줄" 요약으로 읽는 사람도 많아진다. 그 정책이나 효과보단 그저 헤드라인의 인상이 벌써부터 성패를 가르고 있는 것이다. 이처럼 요약으로 결론내리려는 시도가 늘어날수록, 다음 세대는 오히려 더 많은 요약을 소비한다. 소비가 학습을 대체한다. 학습이 사라진 곳에서 민주주의는 절차만 남는다. 절차만 남은 민주주의는 목소리의 크기로 경쟁한다. 목소리의 크기가 클수록 주목에 성공한다. 주목에 성공할수록 그 내실은 비어간다.

이런 시대에 우리에게 필요한 것은, 숏폼을 많이 시청해서 미안하다는 반성문이 아니다. 지금이라도 함께 알아보고, 바꿔가며 다시금 명명하는 것이다. 지금 사라지는 것이 무엇인지, 왜 사라지는지, 무엇이 그 빈자리를 메우는지 이름 붙여야 한다. 이름이 붙는 순간, "그냥 요즘은 다 그렇다"는 말로 넘어갈 것들도 붙잡아볼 수 있다. 요즘 시대가 애초부터 그런 게 아니라, 체계화된 인터페이스가 요즘 시대를 그렇게 훈련했을 뿐이다. 훈련의 결과는 마찬가지로 훈련을 통해 되돌릴 수 있다. 지금의 우리에게 남은 선택은 간단하다. 짧게 살 것인가, 깊게 살 것인가. 우리가 이렇게 몇 줄 적는다고 해도, 숏폼은 사라지지 않고 계속 있을 것이다. 다만 '내 삶'의 전면을 내어주지 마라. 전면을 준 순간, 우리를 구성하는 많은 것들이 짧아질 것이다.

실패비용이 큰 사회에서 복붙이 늘어나는 메커니즘

　계산적인 사람이라는 말, 실은 당연한 말이다. 사람은 시시각각 계산을 하며 살아간다. 다만 누군가는 소숫점까지 계산할 때, 누군가는 반올림해서 쿨하게 살아가는 것처럼 보일 뿐이다. 이처럼 사람은 위험 역시 계산하며 살아가는데, 당연하게도 시간이 흐를수록 사람들은 일부 경우를 제외하고는 안전한 선택으로 몰린다.

　한국의 일상은 곳곳이 큰 실패로 연결된다. 집 한 번 잘못 구하면 몇 년의 현금흐름이 휘청이고, 진로나 인생 설계의 작은 오판이 경력 단절로 이어지고, 한 줄의 말실수가 수개월 쌓은 평판을 끌어내린다. 학교에서도 회사에서도 정치에서도 실수의 벌점은 즉각적이고 공개적이다. 공개된 환경에서의 실수는 그자체로 나락으로 떨어지는 것과 다름 없으며, 그러다보니 오히려 익명성이 보장되는 온라인 환경에서는 타인에게 스스럼없이 날 선 문장을 뱉는 것처럼 보인다. 이렇게 한국 사회는 갈수록 "틀려도 되는 상황"이 아니라 "틀리면 끝나는 상황"이 표준이 된다. 표준이 그렇게 박히면, 사람들은 위험을 나누거나 애초에 책임지려하지 않고 아예 피한다. 그런 위험을 피하는 가장 쉬운 방법이 복붙이다. 다른 말로는 이미 검증된 문장, 검증된 지난 사례, 다수결에 의해 검증된 것을 그대로 쓰기. 상황을 이해하고 보면 이런 케이스들의 복붙은 게으름이 아니라 오히려 합리적이다. 합리의 축이 "성공 확률 최대화"가 아니라 "실패 가능성 최소화"로 옮겨 가면서, 판단의 기준이 도전이 아니라 방어와 안전이 되었기 때문이다.

이러한 복붙이 습관이 되면 사고의 방식부터 바뀐다. 새 문제를 보면 해법을 만들려 하지 않고, 비슷해 보이는 기존 문제를 찾아 끼워 맞추고 활용하며 현명하다고 생각한다. 과거의 PPT, 지난 회의록, 잘 나간 보도자료, 남이 쓴 보고서의 문장들이 해법처럼 유통되고 떠다닌다. 하지만 집단과 조직은 이러한 습관을 오히려 강화시킨다. 업무를 함에 있어서 일종의 '정답지'가 배포된다. 그처럼 활용되는 템플릿은 속도를 주기 때문에, 속도가 중요 지표가 되는 요즘에 걸맞게 모든 업무는 '루틴화'라는 포장지를 싸고, 템플릿에 맞춰 재정의된다. 템플릿에 잘 맞는 것이 '좋은 것'이 되고, 템플릿 바깥의 새 시도는 기회 비용이 큰 '문제'가 된다. 기회 비용이 큰 시도는 승인 단계에서 걸러지고, 남는 것은 "지난번처럼"이다. 이렇게 조직은 스스로를 반복한다. 반복이 쌓이면 개인 역시 변화를 불필요하다고 느낀다.

기업과 집단뿐만 아니라 정치의 리듬도 별반 다르지 않다. 물론 자리의 무게가 있지만, 인간임에 발생할 수 있는 사소한 실수와 실패만 봐도 건수를 포착했다고 달려드는 환경에서는 모두가 예민해지고, 각자의 잘못과 그것을 큰 목소리로 언론에 전달하기 위해 날 서 있을 뿐이다. 하지만 완벽으로 나아가는 중간은 당연히도, 불완전하고 서툴고 반박에 취약할 수 있다. 하지만 이 취약을 양쪽 모두가 견딜 수 없으니, 그저 정치 역시 구호와 적대심으로 무장한 듯 보인다. 내가 실수하면 안되고, 쟤도 실수하면 안되는데 뉘앙스는 살짝 다르다. 이런 과정에서 생긴 구호는 복제하기 쉽다. 양 집단 간의 적대는 각자의 구호에 대한 복제를 가속한다. 비슷한 톤, 비슷한 상징, 비슷한 박자, 비슷한 색채. 이렇게 복붙처럼 찍어나오는 정치는 의외로 화면에서 잘 팔린다. 그러나 빈약할 수 있다. 과정을 쌓는 과정이 허용되지 않는 사회. 새로운 시도는 늘 '한 방'으로 요구되는 사회다. 당장 몇 번은 더 시추해야 할, 도전해봐도 좋을 상황인데도 '첫 시추', '첫술'에 제대로 못 떴다고 하면 여론은 그새 중단하라는 수준이라고 나온다. 그 중단에 대한 제대로 된 근거가 없다. 단지 한 방, 첫 방에 나오지 않았다는 것. 이처럼 과정에 대한 이해가 없으니 새로운 도전을 할 바에 익숙한 '지난번 포맷'을 안전지대로 택한다. 그게 바로 복붙의 정치적 버전이다. 사실상 지난번 포맷의 실패 역시 익숙할 텐데도 그저 '이번은 다르겠지' '이번엔 다른 계획이 있으니까 했겠지'라는 안일한 생각으로 넘어가고 있다.

복붙이라는 행위는 언어를 평평하게 만든다. 강의, 보고서, 기사, 연설이 모두 같은 수식과 같은 은유로 가득 찬다. 같은 말은 안심을 준다. 어디선가 이미 들어본 말이기 때문이다. 안심은 위험 회피와 결합해 판단을 멈춘다. "어차피 이런 문장, 이런 말이 써있으면 다 괜찮더라." 이 확신이 커질수록, 누구도 근거를 묻지 않는다. 사실상 근거와 사실을 확인해봐야할 시점에서도 "문장"이나 "카피"를 확인하고 있다. 보조식품 광고만 봐도 비슷하다.

어디선가 이미 한 번은 들어본 듯한 광고. 그것들에 자연스레 익숙해지면서 '믿음'으로 건강보조식품 같은 것들을 구매하고 있다. 이게 맞나? 이러한 것들이 자리잡은 세계에선 책임이 사라진다. 사라진 책임의 자리에 눈치가 차지한다. 눈치가 커지면, 사람은 "올바른 방식"을 찾는 게 아니라 "욕먹지 않고 잘 먹힐 문장"을 찾는다. 이 문장이 복붙의 최종 형태다. 하지만 욕먹을 걱정만 하고 있는 문장은 보통 아무것도 바꾸지 않는다.

이처럼 실패비용이 큰 사회에서 복붙이 늘어나는 또 다른 이유는 기록 방식에 있다. 우리는 실패를 '사건'으로 기록하지 않고 '사람'으로 기록한다. "그 프로젝트가 망했다"가 아니라 "그 사람이 망쳤다"로 남기고 기억한다. 사건의 기록이면 조건과 가설과 시행착오가 다음 사람의 재료가 되지만, 사람의 기록이면 낙인과 거리두기만 남는다. "A의 상황에서 B라는 결과를 얻었다"라는 시행착오가 생기면 거기서 더 나아갈 방식을 고민할 수 있는데 요즘은 "A가 B라는 사고를 쳤다더라"로 이야기가 나와버리니까, 사실상 고민할 거리는 "A가 진짜 그정도인가" 딱 이거 뿐이다. 어떻게 해야 더 나아갈 지는 모르겠고, 더 멀어질지 고민은 하게 된다. 이런 낙인을 피하기 위해서, 사람들은 새로운 시도를 하지 않는다. 애초에 실패를 줄이기 위해서 시작한 것이다. 다만, 실패가 줄었는데도 인생과 사회가 나아지지 않는 이유를 묻는다면, 답은 간단하다. 결국 새로운 시도 자체가 줄었기 때문이다. 시도가 줄면 평균이 두터워지고, 두터운 평균은 다시 복붙을 낳는다. 모두가 평범해진다는 소리다. 이런 세계에선 소수의 예외가 주목을 받지만, 곧 그것들 역시 분석당해서 "성공하기 위한 포맷"으로 추출되어 또 하나의 템플릿이 된다. 템플릿이 늘수록 다양성은 줄고, 줄수록 충격에 약해진다.

이런 사회적인 문제로부터는 떨어져서, 복붙의 일상화는 개인의 내부 언어도 바꾼다. 사람은 스스로를 설명할 때 남의 프레임을 빌려 쓴다. 소개 글, 포트폴리오, 회의 자리의 자기 설명이 똑같은 구조로 반복된다. 안전한 수식과 안전한 서사가 자신의 사회적 위치가 된다. 이게 습관으로 굳으면, 진짜 나의 좌표는 흐려진다. 내가 어디에 있는지도 모를 정도로, 흐려진 사람은 선택을 미룬다. 미루기는 합리적이다. 당장 틀리지 않으니까. 그러나 미루기의 결과값은 0이 아니다. 지연의 합은 결국 부채로 돌아온다. 부채가 커질수록 오히려 사람은 더 안전한 것만 고른다. 사실상 미루고, 안전한 것을 택하다가, 계속 미루고, 그 루프 안에서 어영부영 인생을 안전만을 바라다가 위험하게 보내게 되는 것이다.

물론 이런 환경에서 "창의성을 발휘하라"는 주문은 잔인하다. 도전하고, 시도하라는 이야기를 그냥 뱉는 것 역시 일종의 폭력이다. 그 기반에 아무런 이해가 없고, 상황을 알기 위한 노력이 없기 때문이다. 하지만, 창의는 감정이 아니라 구조에서 나온다. 실패의 비용을 분할하고, 실패의 기록을 분석하고, 실패의 시간을 갈수록 줄여가며 발전시키는 설계가 없으면, 진짜 창의적인 아이디어는 그저 '아이디어'로 남아있을 수밖에 없다. 또한 당연하게도 개인이 구조 전체를 바꿀 수는 없다. 개인이 할 수 있는 건 그저 단순한 것들이다. 위험을 0으로 만들려 하지 말고, 실패의 단위를 작게 쪼개서 최대한 빠르고 작은 실패들을 쌓을 것. 특정 결과를 가설과 반례를 함께 남기는 기록 방식으로 바꾸는 것. 이렇게 말하면 또 실천론처럼 들릴 수 있겠지만, 핵심은 실행 요령이 아니다. "틀려도 되는 공간"을 우리 인생의 시간표 안에 되살리는 일이다. 그 공간이 없으면, 갈수록 새로운 업데이트가 비집고 들어올 자리조차 없어질 것이다.

이런 반복을 끊는 첫 순간은 거창한 각성이 아니라, 위험을 계산하는 눈을 현실적으로 되돌리는 것이다. "맞을 확률을 높이는 해법"이 아니라 "틀려도 망하지 않는 해법"을 찾는 계산. 그 계산이 자리 잡는 즉시, 복붙하고 미루는 방식은 합리의 자리에서 조금씩 밀려난다. 그만큼 다름이 들어올 틈이 생긴다. 틈이 생겨야 배움이 돌아오고, 배움이 돌아와야 다음 장면이 바뀐다. 그리고 그 바꿈이 쌓일 때면, 진정 '주도적'으로 살아갈 수 있지 않을까.

감정 전염이 사고를 잠식하는 순간

 왜 댓글창을 열면 매번 같은 생각이 들까? "이 사람들은 왜 이렇게 화가 많지." 다른 말로는, "뭐가 그렇게까지 불편하지". 화면의 감정은 공기처럼 화면 안과 밖으로 퍼진다. 그사이에서 누구도 의식하지 못한 채 들이마시고, 같은 속도로 내쉰다. 분노와 경멸은 특히 빠르다. 이유는 단순하다. 강한 감정은 주의를 붙잡고, 붙잡힌 주의는 시선을 묶고, 묶인 시선은 노출을 늘린다. 노출이 늘면 반응이 늘고, 반응이 늘면 알고리즘은 "사람들이 좋아한다"고 오해할 가능성이 높다. 이렇게 만들어진 곡선 위에서 감정은 사실을 앞지른다. 사람들이 대댓글로 싸우고 있어도, 그저 데이터적으로 바라보면 "좋은 현상"인 것이다. 이 패턴 위에서 사람들은 먼저 감정이 끓어오르고, 나중에 확인하게 된다. 확인이 뒤로 밀릴수록, 사람은 자신이 무엇에 동의했는지, 분노했는지, 슬퍼했는지도 모른 채 감정에 휩쓸리게 된다. 그렇게 반복되는 감정은 언어를 단순화한다. 단순한 언어는 세계를 더 단단히 두 진영으로 나눈다. 둘로 나뉜 세계에서 필요한 건 명확한 증거가 아니라 지금 당장 반대 진영을 때릴 무기다. 이제는 어떤 영상인지, 어떤 글인지와 무관하게 댓글이 활발하게 달려있는 게시글이면 댓글과 대댓글이 싸우고 있는 전투 현장을 쉽게 확인할 수 있다. 이런 사회적인 현상 속에서 사람들의 확증 편향이 강해지고, 이때부터 의견은 흑백으로 갈리며, 반대쪽 진영의 의견은 이해할 수 없는 사람들, 악의적인 사람들로 분류된다. 단순히 '맞다'와 '아니다'의 문제에서 출발했음에도 불구하고, 갈수록 그냥 '너네 진영은 안돼'로 귀결된다. 세대, 성별, 지역 등 여러 배경을 두고 같은 배경을 지닌 사람들 안에서는 같은 감정이 불번지듯 퍼져나간다. 하지만 반대쪽 집단에도 불번지듯 퍼져나가는 감정이 있기 때문에 이 둘이 맞붙으면 그대로 맞불이 되어버려 모두 다 타버리게 된다. 결과론적으로는 "마지막으로 댓글 남긴 사람"이 승자가 되며, 재 위에서 웃고 있게 된다. 하지만 이런 현상이 플랫폼의 경제와 맞물리는 순간, 감정은 그 자체로 화폐가 되어버린다. 결국 댓글을 남기느라 해당 컨텐츠에 더 많은 시간을 쏟게 되고, 더 많은 흔적을 남기게 된다. 이것을 구경하기 위해 지나가던 사람들도 플랫폼에 더 많은 시간을 할애하게 된다. 그러다 보면 더 자극적인 어조, 더 명료한 적대, 더 빠른 결론이 컨텐츠의 몸값을 올린다. 해당 유형의 몸값이 올라가면 공급 역시 늘어난다. 공급이 늘면 해당 프레임에 대한 동조 압력이 올라간다. 사람들은 그 프레임이 맞다고 생각하며, 어찌 보면 유머 또는 농담, 작은 비난에서 시작한 프레임이 더 크고, 굳세게 바뀌며 시대로 펼쳐나간다. 그러다 보면 프레임의 검증 여부보다, 얼마나 굳센 프레임이 있냐에 따라 온라인 전쟁의 향방이 갈리게 된다. 사람들은 그 프레임 외벽 안에서 자신을 보호한다. 외벽이 단단해질수록 오히려 맥락은 줄어든다. 맥락이 줄어든 자리에 음모와 낙인이 들어온다. 이제는 하다 못해 "역시 ○○ 지역일줄 알았네" 한 마디면 의문은 사라지고 모두가 동조하여 그 프레임 외벽에 단단함을 더하고 있다. 이런 낙인은 귀찮은 검증을 면제한다. 면제가 늘어날수록 사고는 비어 간다.

이러한 감정의 전염 현상은 집단의 문법을 바꾼다. 논증은 사라지고, 일종의 '프레임'만 남는다. 말도 안되는 사실이 곧 정당성이 된다. "이 세대라더라" "이 지역이라더라" "역시 이 성별이라더라". 이런 상황에서는 오히려 화를 내는 속도와 농도가 실력처럼 다뤄진다. 실력처럼 다뤄지면 사람은 더 빨리, 더 세게 반응하려 든다. 반응의 속도가 일종의 평가를 결정하는 구조가 되면 느리고 합리적인 언어가 불리하다. 애초에 한쪽은 '전쟁'인데 한쪽에서만 '논쟁'으로 생각하고 있기 때문이다. 저런 프레임으로 공격하는 대상이 과연 논쟁을 하고 싶어서 그런 걸까? 이처럼 느린 언어가 불리하면, 애초에 중간층이라고 할 수 있을 일반적인 대중의 말은 표면에서 사라져간다. 중간이 지워지면, 그 자리에는 더 큰 구호만 남는다. 구호는 여전히 사람들을 끌어오고, 그 사람들이 다음 감정의 파도를 만든다. 파도가 잦을수록 제도는 팩트와 법으로 움직이지 못한다. 대신 여론의 온도를 읽고 그때그때 모양을 바꾼다. 하지만 그게 과연 제정상인 여론인가? 올바른 여론이 아닌 그저 분노의 여론일 뿐이다.

감정 전염은 또한 기억도 바꾼다. 이러한 프레임 위에서 정보는 "상황"이 아니라 "기분"으로 저장되기 쉽다. 시간이 지나면 사람은 사건의 순서와 조건 대신, 기억 속에서 그때 느꼈던 분노·멸시·쾌감의 흔적만 꺼내 든다. 새로운 사건에서도 긴 글을 읽지 않는데, 과거의 사건을 다시 분석하겠는가? 이런 과정에서 기존의 사건에 대한 평가는 과감한 단정이 차지한다. 단정은 빠르게 퍼지고, 퍼진 단정은 다음 사건을 해석하는 렌즈가 된다. 렌즈가 두꺼워질수록 현실 속 사실은 흐려진다. 이렇게 악순환이 고착된다. 이 모든 순환이 심해질수록 개별 인간의 경험과 올바른 의견 역시 프레임 안에 갇히고, 그 안에서 자라나게 된다. 이러한 벽을 넘지 못하는 인간은 그저 주어진 사상과 내용만 반복해서 말하는 NPC나 다름이 없다. 제 의견이 아닌데 제 의견이라고 생각하면서 살기 때문이다.

그리고 이러한 전염은 더 나아가 언어의 결을 망가뜨린다. 말이 정보를 운반하는 수단에서, 그저 소속을 확인하는 의식으로 바뀐다. 그런 확인을 위한 문장은 길 필요가 없다. "그래서 ○○라고?" 길면 의심받는다. 길수록 오히려 불리하다거나, 속임수로 여겨진다. 그래서 설명을 줄이고 수사를 늘린다. 이런 자체적인 수사가 늘수록 본질적인 문제는 별 문제가 아니게 된다. 이런 상황은 누구도 책임질 수 없다. 책임이 빠진 자리에는 감정만 남는다. 감정으로만 움직이는 집단은 타협의 문법을 잃는다. 타협의 문법은 느린 독해와 상대의 체면, 조건의 재배열 같은 지루한 기술에서 나온다. 지루함을 견디지 못하는 군중은 늘 이기고 싶어 한다. 이기고 싶은 집단이 많을수록, 모두가 진다. 모두가 지는 풍경에서 남는 것은 피로와 냉소뿐이다. 피로와 냉소는 다시 숏폼과 자극의 소비를 부른다. 이곳에서 졌으면, 다른 곳에서 위로받으려는 욕망이 더 빠른 분노와 더 많은 갈라침을 유도한다. 시장의 관점에서 보면 완벽한 수요다.

감정 전염 현상이 "당신, 나아가 우리 때문"인 이유는 분명하다. 당신이 매일 클릭하고, 공유하고, 무의식 중에 좋아요 누른 장면들이 바로 이 시장을 키웠기 때문이다. "좋아요 하나"의 합이 플랫폼의 노출 정책이 되었고, 노출 정책이 결국 지금의 전쟁터를 만들었다. 전쟁터에서는 오직 두 진영뿐이다. 우리 진영, 상대 진영. 우리 진영으로 모집하기 위하여 갈수록 더 큰 감정으로 설득하려 든다. 하지만 더 큰 감정은 더 큰 반작용을 낳는다. 이 진자 운동이 결국 피곤함이다. 이 순환을 인정하는 순간, 비로소 선택지가 생긴다.

감정 전염을 끊는 일은 고상한 수양이 아니다. 생리와 인터페이스를 아는 문제다. 강한 자극을 보면, 뇌는 길이를 싫어하고 근거를 귀찮아한다. 이때 필요한 것은 결심이 아니라 순서의 배치다. 결과부터 덮어씌우는 프레임보다 맥락과 원문에 먼저 부딪히는 배치, 특정 진영의 승패보다 조건과 사실을 먼저 보는 배치, 누가 말했는지보다 무엇을 말했는지를 먼저 읽는 배치. 배치가 바뀌면 프레임 속에서 이뤄지는 전염 속도가 떨어진다. 사실상 프레임 바깥으로, 바깥에서 보려는 시도에 가깝기 때문이다. 이런 전염 속도가 떨어지면 비로소 그 자리에 생각이 따라온다. 생각이 따라와야 다음 감정의 파도를 견딜 수 있다. 견딘 사람만이 방향을 바꾼다.

무엇보다 중요한 사실 하나는 감정은 사라지지 않는다는 것이다. 물론 사라져야 할 것도 아니다. 여타 다른 문제들처럼 감정이 사실 앞에 서고 있기 때문에 문제인 것이다. 요즘 시대는 결국 중요한 것들보다 비교적 중요하지 않고, 자극적인 것들이 앞에 서 있기 때문에 발생하는 문제들로 가득하다. 앞에 서는 감정은 세계를 가르고, 뒤에서 받쳐 주는 감정은 세계를 묶는다. 지금 우리의 화면은 감정을 늘 앞에 세운다. 그래서 끊임없이 가르고, 그 파편 위에 또 다른 분노를 얹는다. 분노의 합은 사회가 아니다. 사회는 느리고 둔하고 답답한 합의의 산물이다. 이 느림이 다시 전면으로 돌아오기 전까지, 감정 전염은 계속 사고를 잠식할 것이다. 그리고 그 잠식은 늘 같은 댓글을 남기고 있는 사람들을 복제할 것이다. 그 호흡을 바꾸고 그들에게 시선을 주지 않는 일, 그것이야말로 오늘 당장 할 수 있는 가장 단단한 자기계발일 것이다.

정보 과다 속의 무지
: "안다고 느끼지만 모르는 상태"

 정보화 시대의 장점이 "무엇이든 빠르게 얻는다"는 말인 건 맞다. 그러나 지금의 속도는 얻는 순간 잊게 만드는 속도다. 너무 많은 정보가 시중에 퍼져있기 때문이다. 이런 와중에 사람들은 모르는 것을 만나면 멈추지 않는다. 멈추는 대신 스크린샷을 찍는다. 화면을 눌러 캡처하는 그 찰나가 생각과 기억의 과정을 대체한다. 핸드폰의 갤러리에 들어가면 온갖 좋은 문장과 마인드셋과 각종 정보가 폴더에 줄지어 서 있다. 그 풍경을 보면 안심이 된다. 더 나아간 사람들은 "인사이트" "레퍼런스 모음"이라면서 분류까지 해놓는다. 뭐를 봐도 내 갤러리에 있는 자료들로 설명이 되는 것 같다. 하지만 아는 것과 본 것은 다르다. 갤러리의 용량이 커질수록 머리의 빈틈도 같이 커진다. 손가락을 눌렀던 순간은 남았지만 머릿속에서 문장과 논리가 연결된 흔적은 없기 때문이다. 사람들은 마치 스마트폰과 갤러리가 '뇌'인 것처럼 군다. 내 핸드폰에 저장되었다고 해서 '온전한 내 것'이 아니다. 화면에 저장된 것이 지식이면, 외장하드를 사는 순간 박사가 되어야 한다. 이미 찍어둔 스크린샷만 수천, 수만 장이다. 하지만 실제로는 반대다. 이렇게 갯수만 늘릴수록 생각의 회로는 약해진다.

물론 스크린샷이 기록의 출발일 수 있다. 문제는 거기서 멈춘다는 점이다. 캡처는 "나중에"를 약속한다. 하지만 그 나중은 잘 오지 않는다. 갤러리는 선입선출이 아니다. 오늘 남겨둔 사진은 내일의 스크린샷으로 덮이고, 갤러리에 들어가기 까지도 무수한 알림과 대화가 앞을 가린다. 여기서 문제는 사진첩에 수만 장이 쌓일 때쯤 우리는 문제의식보다 묘한 안도감을 갖는다. 공부를 안 했는데 공부한 것 같고, 읽지 않았는데 읽은 것 같다. 나름 핸드폰으로 '생산성'있는 것들을 본 것만 같다. 두뇌는 '낯익음'을 '이해'로 착각한다. 이제는 썸네일을 넘길 때마다, 기억의 문턱이 낮아진 듯한 착시가 생긴다. "그거 어디서 봤는데…"로 시작하는 말

버릇이 생긴 이유다. 어디서 봤는지는 아는데, 무엇이었는지는 모른다. 더 위험한 건 여기서 멈추지 않는다는 사실이다. 익숙함은 근거 없는 자신감을 낳고, 자신감은 검증 없는 주장으로 이어진다. "다 어디서 본 내용"이라는 말은 대개 "아무것도 내 것이 아니다"라는 뜻에 가깝다.

문제의 뿌리는 입력과 출력의 불균형에 있다. 우리는 입력을 누르고 또 누른다. 저장, 캡처, 북마크. 입력은 반응을 요구하지 않는다. 출력은 비용을 요구한다. 써야 한다. 설명하고 이해해야 한다. 비교해야 한다. 내 언어로 다시 만들어야 한다. 이 비용이 귀찮고 고통스러워서 우리는 입력만 늘리고 출력은 미룬다. 그러면 뇌는 외주화된다. 폰이 내 머리의 감각기관이 되고, 갤러리가 내 장기기억이 된 것처럼 느껴진다. 하지만 진짜 기억은 장치가 아니라 구조와 과정에서 생긴다. 내 안에서 개념과 사례가 연결되는 순간에 지식이 된다. 연결이 없으면 스크린샷은 픽셀, 데이터일 뿐이다. 질문을 받는 순간, 토론에 들어가는 순간, 현장에서 의사결정을 내려야 하는 순간 그 픽셀의 경계가 보인다. 선명했던 이미지가 금세 모자이크로 흐려진다.

사람들이 스크린샷을 쌓는 이유는 게으름만이 아니다. 속도가 빠른 환경에서 멈추면 뒤처진다는 불안이 있다. 놓치고 싶지 않다. 그래서 모든 걸 저장한다. 저장은 통제의 환상을 준다. 내 폰 안에 있으니 내 것이 된 것 같다. 그러나 잡동사니가 통제의 증거가 되지는 않는다. 오히려 선택을 방해한다. 사진첩을 열 때마다 무엇부터 볼지 모르게 되고, 그 사이 새로운 알림이 들어와 다시 닫는다. 정작 갤러리를 봐도 '추억팔이'라면서 과거 사진 몇 장이나 들여다보지, 시간을 내서 스크린샷 속 인사이트들을 정리하고 뽑아내는 과정을 계속 유지하기는 사실 쉽지가 않다. 이 순환이 반복되면 갤러리는 박물관이 된다. 관람은 하지만 손대지는 않는 공간. 먼지가 쌓인 지식은 지식이 아니다. 지식은 손때가 묻어야 한다. 순서가 바뀌어야 하고, 반대편 주장과 섞여야 하고, 현실의 실패와 섞여야 한다. 그 과정을 통과하지 않은 문장은 여전히 남의 말이다.

이런 상황을 한 문장으로 정리할 수 있는 "안다고 느끼지만 모르는 상태"는 실전에서 바로 들킨다. 상사, 고객, 동료, 친구들이 이유, 근거를 요구하고 묻는 순간에 스크린샷은 아무 것도 대신해 주지 않는다. 화면에서 꺼내 읽을 수는 있다. 그러나 읽는 동안 이미 대화는 지나간다. 지식은 반응 속도에서 드러난다. 내 머릿속 연결이 있는가 없는가의 차이가 5초와 5분을 가른다. 만약 누군가 특정 정보를 빠르게 구조를 그려 설명하고 있다면, 높은 확률로 그는 많은 스크린샷을 가진 사람이 아니라 많은 재서술 속에서 본인의 지식으로 확립한 사람일 것이다. 같은 논문을 읽어도 자신의 언어로 바꿔 본 사람과 그렇지 않은 사람의 입은 다르게 열린다. 머릿속에 기본 골조가 있으면 새로운 정보는 어디에 꽂힐지 자리를 찾는다. 골조가 없으면 정보는 흘러내린다. 그러니 지식의 양을 늘리고 싶다면 갤러리에 폴더를 늘릴 것이 아니라 머릿속 골조를 늘려야 한다.

물론 스크린샷 자체를 버리자는 얘기가 아니다. 스크린샷은 정말 유용한 도구다. 다만 계속 이야기하듯 순서가 바뀌어야 한다. 스크린샷이 입구가 되었으면, 출구가 존재해야 한다. 스크린샷이 지식화의 입구이자 출구가 되면 안된다. 캡처는 그저 시작 신호여야 한다. 저장을 누른 그날 밤, 아니면 요일을 정해서 짧은 메모라도 덧붙여야 한다. 무엇이 새로웠는지, 어디에 연결되는지, 내일과 어떻게 부딪히는지, 다음 행동이 뭔지 한 줄로 적어야 한다. 이 한 줄이 없으면 그 캡처는 영영 갤러리 안에 남아있게 된다. 다음으로 필요할 때 꺼내는 기준을 스스로 정해야 한다. 발표를 준비할 때, 리서치를 시작할 때, 업무에서 같은 문제를 다시 만날 때와 같이 특정 상황을 마주하면 일정한 시간을 "갤러리 청소"로 정해 그 기준에 따라 버리고 묶고 재작성해야 한다. 저장은 습관이지만 이해는 작업이다. 작업 없는 습관은 면피다. "나중에 볼 거야"라는 말은 대개 "영원히 안 볼 거야"와 동의어다.

　읽는 방식도 바꿔야 한다. 우리는 요약에 중독됐다. 누군가 잘라 준 문장, 하이라이트, 핵심 3줄을 사랑한다. 심지어 일부 커뮤니티에서는 "그래서 3줄 요약은?" "3줄 요약좀" 같은 댓글이 빈번히 달린다. 요약은 유용하다. 그러나 요약만 읽으면 문맥이 죽는다. 문맥이 죽으면 오해가 자라기 쉽다. 오해 위에 쌓은 판단은 처음엔 편하지만 언젠가 비싸게 값을 지불해야 한다. 원문을 한 번이라도 통과하는 습관을 들여야 한다. 원문은 길고 어렵고 지루하다. 하지만 어려운 문장을 내 문장으로 바꾸는 과정이 곧 골조를 만드는 작업이다. 반복해서 '긴 글'의 중요성을 이야기하는 것이 별 거 아니다. 짧고, 단순하고, 쉬운 글만 보고 살아가기 때문에 그것을 곧이곧대로 받아들이고, 결국 체계가 만들어가는 NPC화가 되어가기 때문이다. 문장 사이의 빈 공간을 채우고, 주장과 근거의 연결을 확인하고, 반례의 자리를 찾아보는 과정에서 우리는 "어디서 본 말"을 "내 말"로 가져온다. 가져온 문장은 다음 장면에서 우리를 지킨다. 설명이 필요할 때, 설득이 필요할 때, 싸움이 필요할 때 내 문장이 있는 사람만 버텨서 결국 주관이 생길 수 있다.

　세상은 이미 요약으로 넘칠 만큼 넘친다. 그래서 이런 세상에서 차이는 요약 능력이 아니라 해석의 질에서 난다. 해석은 시간과 불편을 먹고 자란다. 그 불편을 견디는 가장 단순한 방법은 쓰는 것이다. 손으로 쓰고 입으로 말해 보는 것이다. 비슷해 보이는 개념 둘을 맞붙여 차이를 적어 보는 것이다. 같은 데이터를 두 관점에서 그려 보는 것이다. 한 문장을 하루 동안 끌고 다니며 여러 사람에게 설명해 보는 것이다. 이 과정에서 스크린샷들은 스크린으로부터 살아난다. 파일명이 아니라 문장의 재료가 된다. 그러면 갤러리는 창고가 아니라 작업대가 된다. 작업대 위에서는 "안다고 느끼지만 모르는 상태"가 오래 버티지 못한다. 모르면 모른다고 말하게 되고, 알면 아는 만큼만 말하게 된다. 사실상 이것이 공부 아니겠는가.

　결국 선택은 간단하다. 사진첩을 자랑할 것인가, 아니면 사진첩의 자료들을 뇌로 이동시킬 것인가. 물론 후자는 느리고 무겁다. 대신 나를 지킨다. 갤러리는 당신의 뇌가 아니다. 당신의 뇌는 당신의 문장과 질문, 설명으로만 자란다. 캡처는 시작일 뿐이다. 오늘 저장한 것을 오늘 한 줄로 바꾸고, 이번 주에 한 번은 묶어 보고, 이번 달에 한 번은 전체적으로 돌아봐라. 그 정도면 충분하다. 스크린샷이 만든 지식의 착각과 환상에서 벗어나라. 착각이 쌓이면 삶이 흐릿해진다. 흐릿함을 원치 않는다면 이제 갤러리에서 나와라. 스크린 안에 멈춰있을 것인지, 아니면 스크린 바깥에서 살아갈 것인지. 여기에 NPC로부터 탈출하는 모든 정수가 담겨있다고 해도 무방하다. 이 문제는 뒤에 3부에서 다시 좀 더 다루겠다.

공허한 생산성
: 체크리스트가 주는 거짓 만족감

스크린샷보다 고전적이고, 오래된 장치가 있다. 체크리스트다. 이 책의 원고 작업을 위해서도 체크리스트를 많이 활용했고, 그것이 생산성에 기여했음을 부정할 수는 없다. 하지만 체크리스트 역시 사람들이 지금의 상황에 오기까지 기여한 바가 적지 않음을 부정할 수 없다.

우선 체크는 안심을 준다. 칸이 채워질수록 하루가 채워진 듯 보인다. 끝냈다는 표시가 늘어나면 업무 능률이 오른 것처럼 느꺼진다. 여기까진 좋다. 그러나 표시가 사고를 대신하는 순간부터 성과는 오히려 비어 간다. 무엇이든 본질이 아닌 껍데기에 집중하는 순간, 역전되는 시점부터 꼬이기 시작한다. 껍데기가 전면이 되면 알맹이는 사라진다. 알맹이 없이 칸만 늘어나는 문화에서는 누구도 틀리지 않을지 모른다. 각자가 '자신이 생각한 일'은 열심히 채워가고 있기 때문이다. 하지만 그게 정말 필요하고, 해야했던 일이었는가? 혹은 칸을 늘리기 위한 칸은 아니었는가? 체크 항목이 업무와 시간 관리를 위한 용도로 쓰이지 않고, 만족도를 얻는 메인 수단이 되는 순간 아까 이야기했던 역전이 시작된다. 만족도는 후행되는 것이다. 선행되어서, 만족도를 얻기 위해 우리가 이 모든 일을 하는 것이 아니다. 이것이 반복되면 그저 체크할 것을 늘리기 위한 루틴이 발전할 뿐이다.

체크리스트는 원래 위험을 줄이기 위한 장치였다. 놓치면 안 되는 항목을 외부 기억에 적어 사고와 손실을 줄이려는 최소한의 장치. 문제는 이 최소한이 전부가 되는 순간이다. 전부가 되면 질문은 삭제된다. 왜 이 일을 하는가, 무엇을 바꾸려는가, 어떤 반례가 예상되는가 같은 질문은 '비효율'로 취급된다. 대신 누구나 이해하는 명령문이 남는다. 오늘의 할 일 10개, 이번 분기의 목표 5개, 채워야 할 보고 수, 올려야 할 게시 수, 달성해야 할 반응 수.

달성은 쉽고 기록은 깔끔하다. 깔끔함이 쌓이면 사람들은 그 깔끔함 자체를 성과로 착각한다. 하지만 그것을 왜 하는가? 나중엔 그냥 일단 해둔 일도 그 뒤에 체크리스트에 추가하는 상황까지 온다.

이처럼 표면적 성과가 지배할 때 조직의 언어는 바뀐다. 실패를 다루는 말이 사라지고, 완료를 칭찬하는 말만 남는다. 완료는 유익하지만, 완료만 있는 시스템은 개선이 없다. 개선은 실패와 반례를 전제로 하기 때문이다. 이것은 삶을 살아갈 때에도, 업무를 처리할 때에도 동일하다. 우리는 '체크한 것'에도 집중해야 하지만, 반대로 '체크하지 못한 것'에도 집중해서 확인해야 한다. 해내지 못했으면 그것을 분석해야 하는데, 자기 자신이 보는 체크리스트에도 변명하듯 "다른 체크할 것"을 더 채워넣는다. 그리곤 쉬운 것들을 체크한 이후에 속으로 이야기한다. "이것을 하느라 저걸 못한 것이다." 그래선 안 된다. 체크리스트를 활용한다는 것은, 적어도 내가 미뤄두고 있는 일들이 없게 관리해주기 위함이다. 그것에 집중해야지, 단순히 무능하다고 자책한 뒤 그것에 위로받기 위해 새로운 일을 만들어내는 것이 아니다. 무능이 되기 싫기 때문에 칸을 늘린다면, 바쁘게 보이는 순간부터 바쁨은 실력처럼 보인다. 실력처럼 보이는 바쁨은 여러 무의미한 체크 항목들로 포장된다. 포장을 뜯으면 남는 건 사실상 허공에 흩뿌려진 능률 뿐이다. 정작 진작 치워졌어야 할 항목은 몇 달째 체크리스트의 구석에 박혀있게 된다.

좀만 더 자세히 들여다보자. 우리의 핸드폰을 보면 할 일 앱과 캘린더와 알림이 가득한데, 하루가 끝나고 나면 "정말 중요한 일"은 다음 날로 밀려 있다. 밀린 이유는 게으름이 아니다. 구조화되지 않은 목표는 체크리스트와 상성이 나쁘다. 체크리스트는 산재한 업무를 '같은 크기'로 만든다. 같은 크기로 만든 순간, 쉬운 것과 어려운 것의 구분이 사라진다. 우리는 사실 어려운 일을 알고 있으면서도, 즉시 완료할 수 있는 걸 먼저 고른다. 어차피 같은 두 개중 하나를 완료했다고 생각하면 편하기 때문이다. 즉시 완료는 뇌의 보상을 부른다. 보상이 늘면 더 많은 즉시 완료를 찾는다. 이렇게 사소한 일이 큰일을 잡아먹는 체계가 완성된다. 큰일은 늘 "준비가 되면" 시작한다. 준비는 늘 부족하다. 부족한 준비를 채우려고 자료를 더 모으고 링크를 더 저장한다. 스크린샷도 자연스럽게 늘어난다. 저장이 늘어날수록 안심은 커지고, 실천은 더 멀어진다. 종일 바빴는데, 현실은 제자리다.

이러한 체크리스트에서 빠져나오는 일은 단순히 체크에서 도파민을 얻지 않는 게 아니다. 그저 약간의 생각을 더하는 일이다. 하다 못해 몇 가지 원칙을 더해두기만 해도, 위의 문제에서 벗어날 수 있다. 체크리스트 안에 경중을 구분하고, 해결해야할 우선순위와, 애초에 언제까지 해결해야하는지를 업무별로 구분해서 항목을 분류할 수 있다. 매일 해야 하는 기본적인 루틴은 구분해 둬서 당장의 업무나 과제와 분리하고, 방치된 업무들은 특별 관리를 통해서 최대한 빠르게 해결할 수 있도록 단계를 구조화하는 방식을 활용할 수도 있다. 그제야 체크 리스트는 우리 사고의 결과가 될 수 있다.

결국 문제는 성실함이 아니다. 성실함의 단위다. 칸을 채우는 성실함은 안전하지만, 우리 현실을 바꿔주지 못한다. 현실을 움직이는 성실함은 계속해서 우리 일상을 관찰하고 분석하며 그것을 반영하여 움직일 수 있는 힘이다. 체크리스트를 단순한 툴이 아닌, 지금 내가 처한 상황과 에너지 분배, 다음 단계로 나아가기 위한 과업 관리를 위한 도구로 사용해야 한다. 이러한 성실함은 눈에 잘 안 띈다. 그렇기 때문에 그 중요성이 덜 강조된다. 하지만 덜 강조되더라도 해야 한다. 그럼에도 이렇게 버티고 해결해 나가는 소수 덕분에 공동체가 뒤처지지 않는다. 뒤처지지 않는 공동체만이 우리가 진정 바라던 다음 장면을 만든다. 칸이 아니라 필요로 움직일 때, 다음 항목 대신 다음 장면이 온다는 사실을 깨달아야 한다.

자동화와 알고리즘 관리자

요즘 시대에 자동화는 편의라는 이름으로 들어와 판단을 식욕처럼 만든다. 하여간 다양한 부분에 있어서 '자동화'라는 말이 도입되는데, 시스템은 흐름을 사랑하기 때문이다. 그리고, 그 흐름을 끊는 가장 큰 변수는 인간의 망설임이다. 그에 절차는 선택지를 줄이고, 버튼을 굵게 하고, 기본 양식을 만들어 자동으로 흘러가게 둔다. 그렇게 되면 업무나 생산 속도는 오른다. 숫자는 올라가고. 숫자, 즉 결과가 좋게 나오는 순간부터 사람은 정해진 스크립트를 따른다. 내가 지시한 순서대로 화면이 흘러가는지, 화면이 지시하는 순서대로 누르는 것인지를 모르는 상태로 자동화라는 프로세스를 구축한다. 간간이 검수하고 오류를 확인한다고 하지만 실제로는 채널과 업무의 관리자가 아닌, 알고리즘과 프로세스의 관리자, 즉 대시보드의 집행자라고 봐도 무방하다.

여기서 문제의 핵심은 오류 감소가 아니라 가설의 상실이다. 자동화가 커질수록 조직은 실패를 탐지하고 책임을 전가하는 데는 능숙해지지만, 가설을 세우고 새로운 프로젝트를 설계하는 능력은 말라 간다. 이쯤에서 가장 중요한 것은 "자동화"를 맡길 부분을, 맡겨도 괜찮을 부분을 잘 구분해야 한다는 것인데 사실상 "생각"과 "판단"까지 자동화시키는 경우가 갈수록 늘어갈 것이다. 이렇게 의식이 말라버린 자리는 외주와 템플릿이 채운다. 외주가 늘수록 내면은 더 얇아지고, 얇아진 우리의 내부는 다시 자동화에 의존한다. 이렇게 "성공과 유사한 표면—빈 속—더 많은 자동화"의 순환이 굳는다. 하지만 이 모두가 좋은 성과처럼 보이고, 효율적으로 보이니 아무도 멈추지 않는다.

단순한 업무를 벗어나 일상에서도 같은 일이 벌어진다. 이게 메인 파트다. 일상에 자리잡은 '추천'은 기존의 목적을 대체한다. 이제는 "무엇을 보려했는가"보다 "무엇이 추천에 떠오르는가"가

하루를 정한다. 추천 탭에 떠오르는 것들이 나의 취향과 니즈를 정확히 맞출수록 의심은 줄고, 의심이 줄수록 같은 톤과 같은 결론을 더 자주 고른다. 그 기록이 다음 추천의 재료가 된다. 이게 무슨 자동화야? 싶은데, 실상 들여다 보면 '판단'을 알고리즘에 맡긴 자동화나 마찬가지다. 이제는 내가 결정한다고 생각했던 것들 모두가 실은 이미 외부의 톱니바퀴에 의해 굴러가고 있는 자동화나 다름이 없다. 이 과정에서 사람과 시스템은 서로를 닮아가며 편안함이 축적된다. 편안함의 가격은 생각의 깊이다. 얕아진 깊이에서 번거로운 과정들은 귀찮음으로 분류된다. 그렇게 되면 정말 그때부터는 '자동화된 삶'을 살아가는 것이다. 말이 좋지, 사실상 '프로그래밍된 삶'과 다를 게 없다. 알고리즘과 AI가 분석해서 내려준 일상을 살아가는데, 그게 NPC와 다를 게 무엇인가.

  물론 자동화를 없앨 수는 없다. 하지만 내 인생 자체가 자동화가 되고 있는 것은 아닌지, 과연 이 모두가 내 의지에 이루어지고 있는 건지 아니면 체계가 구성해둔 거대한 톱니바퀴에 의해서 내 행동과 생각의 방향이 굴러가고 있는 것은 아닌지를 생각해봐야 한다. 현재 내 앞에 있는 선택지들이 어디에서부터 출발한 것인가? 내가 진정 원한 방향이고, 필요에 의한 것들인가? 아니면 단순히 내가 좋아하고 필요할 것이라 생각해 체계가 가져다 놓은 것들인가? 여기에서부터 우리 인생을 다시 '수동'으로 살아가는 키가 시작된다.

업데이트 격차
— 속도가 권력이 되는 사회

 요즘은 같은 뉴스가 나와도 누군가는 이미 먼저 접하고 있다. 먼저 본 사람이 대다수의 경우에 여러 방면에서 앞설 수 있다. 뒤늦게 본 사람은 따라간다. 쉽게 떠올릴 수 있는 장면은, 특정 정책이 발표되기 전 누군가 주식을 구매했다던지, 대량 매도했다던지, 어디에 배팅했다던지와 같은 예시다. 당장 단적인 장면으로도 이야기하고 싶은 부분을 이해할 수 있을 것이다.

 속도는 단순한 재빠름이 아니다. 먼저 정보를 획득한 사람이 그것이 다시 퍼져나갈 제목을 짓고 순서를 정하고 강조할 문장을 고른다. 사실상 언론의 방식과 크게 다를바 없다고도 생각되지만, 요즘처럼 커뮤니티와 각종 플랫폼이 발달한 시대에는 개인도 그러한 역할을 해낼 수 있다. 제목과 강조는 사실을 바꾸지 않지만 현실의 배치를 바꾼다. 그로 인해 프레임이 굳으면 해석은 자연스레 뒤를 따른다. 뒤늦게 들어온 사람은 이미 붙은 제목을 무시하거나 떼어내기 어렵다. 당장 DC인사이드나 여러 사이트에서 우리가 실시간으로 화제인 게시글들을 확인할 때 그것의 제목이나 어투, 글쓴이의 시각이 주는 힘을 무시할 수가 없다.

이 순간 정보의 속도와 전달력은 일종의 필터이자 권리로 변한다. 필터를 쥔 쪽이 무엇을 어떻게 전달할지 의도했든, 의도하지 않았든 결정하게 된다. 누군가는 같은 사실을 보고도 부정적으로 작성할 수 있고, 반대로 긍정적으로 작성할 수 있다. 별 것 아닌 행위 같지만 그런 것들이 때론 수만 명을 넘어 수십, 수백 만의 트래픽에게도 전파되는 요즘의 상황 속에서 무시할 수 없는 부분으로 볼 수 있다.

또한 스레드와 같은 여러 플랫폼의 매 순간이 이 고리를 강화한다. 해외에서 뜬 트렌드가 시차와 언어의 장벽을 넘어 들어올 때,

누군가는 원문을 통과해 맥락과 한계를 함께 들여온다. 누군가는 훨씬 빠르게 잘린 요약과 자극적인 한 줄을 들여온다. 정보의 빠른 전달은 초반 도달을 독식하고, 그 도달이 알고리즘을 자극해 더 넓게 퍼진다. 느리고 긴 설명은 뒷전으로 밀린다. 물론 덕분에 우리는 얕은 정보를 풍부하게 갖게 된다. 하지만 이런 과정이 표준처럼 작동하는 순간, 남의 요약과 정보를 다시 되파는 되팔이가 양산된다. 되팔이는 더 빠르고 더 자극적일 수밖에 없다. 두께가 얇으니 속도로 승부한다. 속도가 높아질수록 내용은 더 얇아진다.

정보의 독식은 바깥에서만 벌어지지 않는다. 뒤에서는 접근권이 승부를 가른다. 폐쇄형 데이터, 유료 리포트, 내부 공지, 기관 간 브리핑, 초청형 설명회 같은 조용한 통로가 있다. 관문 안쪽에 있는 사람은 먼저 보고, 먼저 본 사람은 대비한다. 대비한 사람은 기준을 만든다. 어느 순간 그 기준에 맞춘 해석이 외부로 풀리면서 정보가 퍼져 나간다. 바깥에서 보면 모든 변화가 "갑자기"처럼 보인다. 갑자기는 거의 없다. 대개는 조용히, 미리, 작은 방에서 시작됐다. 모르는 것 자체가 잘못은 아니다. 문제는 폐쇄적 선점이 이익을 만든 뒤, 뒤늦게 비틀린 정보가 퍼지면서 후발자에게 손실을 전가할 수 있다는 점이다. 특히 일부 시장에서는 과장된 해석, 이해상충이 밝혀지지 않은 추천, 지연된 정정이 결합해 '선점 이익의 사유화'와 '후발 손실의 사회화'가 반복된다.

  이 격차는 생활 전반으로 번진다. 정부 공모가 뜨고 사라지는 순간, 세제나 보조금의 세부 기준이 바뀌는 순간, 병원 예약과 학교 전형의 규칙이 갱신되는 흐름. 먼저 보는 사람은 신청을 끝내고 도구를 익히고 자리를 잡는다. 늦게 보는 사람은 요약을 통해 "그런 게 있었네"를 알게 되고, 이미 닫힌 링크 앞에서 아쉬움을 말한다. 같은 문서를 읽었지만 어떤 이는 결과를 얻고 어떤 이는 설명만 얻는다. 결과는 삶을 바꾸고, 뒤늦은 설명은 기분만 바꾼다. 이 차이는 시간이 지날수록 자본과 네트워크로 변한다. 자본과 네트워크는 다시 정보 접근 속도를 높인다. 고리는 더 단단해진다. 원래 '먼저 아는 쪽이 이득을 본다'는 구조는 인류 역사 내내 있었다. 그러나 지금은 속도와 도달 범위가 커졌다. 이미 이득을 본 뒤 뒤늦게 편향된 설명을 대량 확산해 추가 이익을 굳히는 행위가 쉬워졌다. 일부 스캠코인·작전주 등 부분적인 영역에서 보이는 급등·급락, 과장 홍보, 이해상충 미공개, 늦은 정정의 결합은 그 전형이다. 문제의 핵심은 기술이 아니라 설계다. 선점이 가능하더라도 출처 공개와 이해상충 고지, 신속한 정정과 원문 접근이 함께 움직일 때만 격차가 완화된다. 그렇지 않으면 업데이트의 속도는 권력이 되고, 권력은 곧 타인의 비용이 된다.

물론 세대적인 문제는 더 가혹하다. 디지털 진입 장벽이 높은 어른들은 '새로운 정보의 업데이트'가 일상의 동사가 아니다. 동네 병원의 예약 방식이 앱으로 바뀌고, 교통 규칙이 조정되고, 은행 창구의 제공 서비스가 축소되는데, 온라인으로 전환되고 바뀐다는 사실 자체를 늦게 듣는다. 늦게 듣는다는 건 선택지가 줄어든다는 뜻이다. 줄어든 선택지는 생활의 작은 손해로 번역된다. 정보 격차는 사실상 설명을 필요로 하지 않는다. 그냥 지금도 살아 있는 실시간적인 구조다.

지금까지의 이야기가 속도를 숭배하자는 말이 아니다. 더 빨리 정보를 얻으란 이야기도 아니다. 단지, 속도를 설계하자는 말이다. 느리게 살아갈 수밖에 없는 사람들에게도, 느리게 살아가는 환경의 사람들에게도 통로를 열어주자는 이야기다. 먼저 본 쪽이 독점적인 필터가 되지 못하도록 원문과 근거로 이어지는 통로를 열어둬야 한다는 것이다. 요약이 돌면 출처가 함께 돌아야 하고, 번역이 퍼질 때는 맥락의 범위와 한계를 같이 말해야 한다. 새 제도와 공모가 뜨면 신청에서 결과, 탈락 이유와 이후의 과정까지 기록이 남아야 한다. 기록이 공유될수록 선점의 배당이 줄어든다. 뒤늦게 본 사람도 덜 잃는다. 다음을 대비하면 되기 때문이다. 플랫폼의 규칙을 당장 바꾸기 어렵다면 개인의 규칙이라도 바꿔야 한다. 정보 획득을 운과 커뮤니티에 맡기지 않고 직접 찾는 습관, 관보와 보도자료를 먼저 확인하는 루틴, 모르는 분야의 1차 발신자를 팔로우해 중간 요약이 나오기 전에 원문을 한 번이라도 읽는 태도. 이런 장치들이 늦춰지는 속도를 따라잡게 만든다.

또한 쉽지 않겠지만 먼저 본 사람이 지켜야 할 윤리가 있다고 생각한다. 출처를 숨기지 않고, 맥락을 덧붙이고, 틀렸으면 바로 고치고, 이득이 났다면 과정과 조건을 공개하는 태도. 그들의 수익 모델이겠지만, 이것이 정보의 선점과 독식 경쟁을 심화시키지 않을 것이다. 신뢰를 늘려야 한다. 신뢰는 결국 더 많은 기회를 다시 가져온다. 정보가 가진 폐쇄적인 권력은 요즘 시대에 오래 못 간다. 인공지능이 발전하는 시대에서, 나는 오히려 닫힘보다 열림에서 오래 살아갈 구멍을 찾고 있다. 모두에게 열림은 자기희생이 아니라 자기방어다. 닫힌 채로 한 번 크게 틀리면 신뢰가 통째로 붕괴하지만, 열린 채로 여러 번 작게 틀리면 회복이 가능하다. 애초에 사람들이 "자신들을 위해서" 노력했다가 틀렸다고 생각할 가능성이 높기 때문이다. 단순히 이득을 위해 정보를 독식하다가 틀린 정보를 가져온 것과는 프레임 자체가 달라진다. 회복 가능한 구조가 오래 간다.

물론 국가와 조직의 책무도 분명하다. 공공 정보의 1차 발신을 일관된 포맷과 시간으로 유지해 예측 가능성을 높이고, 접근성 장벽을 낮추어 세대와 지역에 따른 시간차를 줄여야 한다. 문서가 공개되었다는 사실만으로 책무를 다한 것이 아니다. 이해할 수 있는 언어와 접근 가능한 절차로 연결되어야 실제 접근이 된다. 절차의 해상도가 올라갈수록 선점의 사적 배당은 줄어든다. 사적 배당이 줄어들수록, 속도와 선점을 중시하는 시대가 변화할 수 있다. 그때 비로소 속도는 공동의 안전장치가 된다.

결론은 간단하다. 지금 시대의 속도는 권력이다. 그런데 그 권력은 지금의 구조에서 나온다. 구조를 손보지 않으면 빠른 사람은 더 빨라지고 느린 사람은 더 느려진다. 같은 사건을 봐도 먼저 보고 나르는 사람이 제목을 짓고, 그 제목이 프레임을 정한다. 그러니 각자는 요약을 믿되 사실을 바라보고, 늦게 본 것을 부끄러워하지 말고 따라잡으면 된다. 사회는 공공의 통로를 넓혀 선점의 배당을 낮추면 된다. 그렇게 할 때 속도는 누군가의 독점이 아니라 모두의 방패가 된다. 업데이트 격차는 사라지지 않는다. 다만 작게 만들 수는 있다. 속도에 먹히지 않으려면 속도를 설계해라. 지금부터의 시간은 설계에 투자한 사람의 편에 선다.

2부

NPC, 방관과 순응의 역사

1부를 통해서 요즘 시대가 어떻게 흘러가는지, 왜 사람들이 계속해서 휘둘리고 자신의 생각과 의견보다는 '대중적'인 것에만 집착하게 되는 것인지를 살펴보았다. 그런데도 여전히 중립이라는 단어만 유지하면서 살아갈 것인가? 의견이 없고, 제대로 된 시각이 잡혀있지 않는 것이 자랑인지를 생각해 봐야할 순간이 왔다. 이미 늦었을 지도 모르지만. 세상이 정해준 기본값에 몸을 맞추고 오늘을 넘기는 습관이 내일도 나를 지켜줄 거라고 여전히 믿어선 안 된다. 방향을 정하지 않으면 바람이 정한다. 아무 말도 하지 않으면 더 큰 목소리가 대신 말한다. 당신이 빠져 있든, 피하고 있든, 그 공백은 비지 않는다. 이 시대에 공백은 누군가가 즉시 채운다. 그리고 채운 쪽의 이익이 당신의 이익과 같은 경우는 드물다. 단순한 일상부터 회사 업무, 나아가 사회와 경제, 정치까지 물론. 다 그렇다. 가만히 있으면 안전하다는 믿음은 지금을 넘기기에는 편리하지만 사실이 아니다. 가만히 있으면 다른 움직이는 것들에 의해서 나 역시 밀리게 된다. 그리고 그 방향이 나와 맞지 않을 확률은 계속해서 올라만 간다.

이처럼 세상을 정해진 대로만, 크게 모나지 않고, 순리에 맞게 살겠다는 결심은 사실 결심이라고 볼 수도 없다. 세상을 살아가면서 그 세상을 바라보지 않고, 다른 이들이 휘두르게 내버려 둔다는 것은 사실상 스스로가 NPC라고 선언하는 것과 크게 다를 바가 없어보인다. 물론 단순히 그저 남들의 루트를 따라서 취직하고, 가정을 이루고, 안전하게 늙어가는 보편적인 삶이 당연시 됐던 지금까지는 그런 결심이 이상하지 않았다. 하지만 그것은 '목표'나 방식이 아니다. 어쩌다 보니 그렇게 살게 된 것이고, 다행히 아직까지는 속편히, 맘편히 살아도 눈에 보이는 큰 피해가 없었다고 믿는 것이다. 하지만 다들 그렇게 살아서 현재 상황이 어떻게 됐나? 지금 눈에 보이는 이 모든 일이 그저 하룻밤 사이에,

몇 주 사이에, 불과 몇 개월 만에 일어난 것이라고? 아니다. 모든 일들은 아주 서서히 바뀐다. 이야기했던 것처럼, "준비"의 일부분이다. 우리에게는 짧고, 빠른 것들만 주입하면서 길게, 천천히 준비하는 체계의 방식이다. 이래도 여전히 NPC처럼 살아가겠다고? 사실상 그냥 남의 결정을 따르겠다는 말이나 다름이 없다.

잘 생각해 보자. 학교에서 정한 시간표를 따르던 시절엔 그게 편했다. 그러나 졸업 이후의 인생의 시간표는 스스로 만드는 것이다. 우리가 직접 만들지 않으면 남이 만들어 버린다. 솔직히 얘기해서 우리가 우리만의 인생을 설계할 시간적 여유도 제대로 제공하려나 싶다. 사람마다 인생의 난이도가 전부 다르고, 출발점이 다르기 때문에 누군가는 이미 인생의 시간표가 적혀있을지도 모른다. 하지만 이미 적혀져 버린 시간표일지라도 조금 있는 빈 시간을 무엇으로 채우는 지는 극히 자신에게 달린 부분이다.

당신은 당신이 무난하고 보편적인 삶을 택했다고 믿겠지만, 무난함은 대부분의 논리를 조용히 통과시킨다. 그리고 그 논리는 흔히 효율과 평판을 우선한다. 효율은 빠르게 취사선택한다. 평판은 겉을 먼저 본다. 거기서 고려되지 않는 것은 우리가 실제로 원하던 삶의 형태다. 당신이 입을 닫으면 당신을 설명하는 문장은 당신이 아닌 다른 손에서 적힌다.

 물론 꿈을 못 이루고 포기하는 것까지는 이해한다. 위에서 이야기한 것처럼 누구나 한계가 있고 상황이 있다. 그러나 요즘은 다른 일이 벌어진다. 이미 사는 게 힘들고, 남들이 적어준 시간표가 있어서 그대로 살아야 한다고? 벅차다고? 이제는 그나마 있던 일상의 빈 칸을 채운다는 것 자체가 사라지기 직전이다. 꿈을 꿀 조건 자체가 사라진다. 시도 이전부터 겁을 먹게 만드는 규범이 커졌다. 욕먹지 않기. 문제의 중심에 서지 않기. 다수의 시선과 부딪히지 않기. 이 '보편적인 삶'의 기준이 다짐처럼 유통된다. 그 결과 사람들은 초기의 사소한 딜레마에서부터 포기한다. 의견을 말해도 되는 자리에서 침묵을 선택한다. 위험이 커질 이슈를 보면 스크린을 내려버린다. 저장만 하고 읽지 않는다. 익명을 업고는 이 모두를 무시한다. 다 합치면 단순한 습관 같지만, 이런 선택들이 몇 년 쌓이면 인생의 궤도가 돌아갈 수 없을 만큼 틀어진다. 문제를 피했다고 믿지만 사실상 문제의 확장을 돕는다. 다시 말하듯, 요즘 시대의 빈자리는 결국 어떻게든 채워지기 마련이다. 내가 회피한 자리에 다른 의도가 들어와도 여전히 침묵하고 있는 지금의 현실들.

그러니 지금이 중립, 평균, 보편을 유지할 때인지 자문해라. 중립이 두려움의 다른 이름이 아닌지 먼저 점검해라. 논쟁을 피하려는 심리가 작용하는가. 관계를 잃을까봐, 기회를 망칠까봐, 기록에 남을까봐 뒷걸음치는가. 혹은 정보가 부족해서 판단을 유보하는가. 경우마다 다르다. 두려움이라면 훈련으로 줄일 수 있다. 정보 부족이라면 공부로 줄일 수 있다. 문제는 그것들을 구분하지 않은 채 습관처럼 미루는 태도다. 오늘의 미루기는 내일의 체념을 낳는다. 체념은 다시 중립의 언어로 자신을 정당화한다. 나는 어느 편도 아니다. 나는 과격하지 않다. 나는 균형을 지킨다. 이런 말들은 때로 필요하다. 하지만 자주 쓰이면 자기기만의 시작점이 된다. 균형은 결정을 미루는 기술이어서는 안 된다. 균형은 근거를 갖춘 결단들의 합이다.

그러므로는 이젠 자신이 진짜 중립인지, 아니면 별 생각이 없어서 흐름 속에서 안전을 꾀하는 것인지 스스로 검증해야 한다. 검증은 간단하다. 최근 1년 동안 스스로 밝힌 입장이나 시각이 뭔지 적어봐라. 일과 돈, 관계와 배움, 지역과 사회 문제, 기술과 윤리 중 무엇에서 내가 무엇을 선택하고, 지지하고, 주장했는지. 공부하고 파악하고, 관심을 갖고 있는지. 아무것도 적히지 않는다면 그건 높은 확률로 무관심이 아니고 회피다. 삶에 있어서 이토록

넓고 깊은 분야에 대해서 제대로 의견 하나를 갖추지 않고 사는 것도 어찌 보면 재능이다. 재능이 되어버린 회피는 그 자체로 선택이다. 하지만 그 선택의 비용은 시간이 지날수록 이자처럼 붙는다. 당신의 침묵은 다른 이들의 목소리를 더 크고 더 거칠게 만든다. 안전해 보이던 중립 위치는 어느 순간 가장 취약한 지점이 된다. 당신이 서 있던 그 중앙이 가장 약하고, 한 발짝도 떼지 못하는 사람들이 서 있는 자리라는 사실을 곧 마주하게 될 것이다.

물론 어쩌다 보니 굳이 생각해본 적이 없다고 말할 수 있다. 바쁘고 피곤했고 먹고사는 일이 급했다. 틀린 말은 아니다. 그러나 당신이 바쁘다고 생각과 판단을 미룬다고 해서 현실이 멈추던가? 더 바쁜 현실은 멈추지 않는다. 당신만큼 바쁘고 힘든 사람들도 여전히 더 바쁘게 생각하고, 만들어 간다. 제도가 바뀌고, 규칙이 업데이트되고, 기준이 변경된다. 그때마다 당신이 침묵했다면 결과에 동의한 것이나 다름이 없다. 투표가 그렇고, 의사결정이 그렇다. 내가 한 마디만 더 얹었으면 혹시 모를 이야기들. 모두가 예라고 말할 때 아니오라고 말하는 것은 불편하다. 그 불편을 피하는 데 익숙해지면 언젠가는 남들의 '예'를 따라가기에도 급급한 사회가 올지 모른다.

중립이 실제로 필요할 때도 있다. 갈등을 키우지 않기 위해, 증거와 근거가 부족할 때, 이해충돌을 피하기 위해 한 박자 멈추는 선택은 전략이 된다. 하지만 그 전략은 전제조건이 있다. 중립은 임시여야 한다. 조금은 다른 예시일지도 모르겠지만, 스위스가 중립을 표방한다고 하여 완벽히 무기를 내려놓고 쉬던가? 스위스가 중립일 수 있는 기반에는 '스위스의 준비'가 있다. 중립은 결론을 준비하는 동안의 상태여야 한다. 설령 그렇게 나온 결론이 돌고 돌아 다시 중립이더라도, 그 중립은 이전의 중립과는 다르다. 중립이 고착되는 순간, 당신은 움직이지 않는 사람이 아니라 움직이지 못하는 사람이 된다. 그 순간 우리가 취한 침묵의 자리는 남의 확성기가 들어올 자리가 된다. 우리의 중립은 타인에게 설 자리를 내주는 것과 같다.

우리는 역사에서 이런 장면을 보아왔다. 약속만 있고 수단이 없었던 보호. 타협이라 부르던 포기. 질서를 이유로 미뤘던 정의. 안전을 앞세운 방관. 기록은 이런 중립이 누구에게 기회였는지 반복해서 보여준다. 약자를 위한 장치였던 제도가 오히려 약자를 모아놓는 표식이 된 순간이 있었다. 전쟁을 피하기 위한 타협이 다음 전쟁의 연료가 된 순간이 있었다. 무너지는 것을 막기 위해 아무것도 안 했더니 더 크게 무너진 순간이 있었다. 이번 2부에서는 그 장면들을 다시 소환할 것이다.

지금 이 문장을 읽으면서도 당신은 계산 중일 것이다. 여기에 동의하면 내가 어느 편으로 보일까. 반대하면 괜히 여기서도 각을 세우는 사람으로 보일까. 보여짐을 우선하면 판단은 영영 늦어진다. 보여짐은 언제나 뒤따라오는 부산물이어야 한다. 먼저 판단. 그다음 표현. 마지막이 이미지다. 이 순서를 거꾸로 살면 당신은 늘 누군가의 프레임에 갇힌다. 오늘 내가 뱉은 말이 내일의 이미지를 한순간에 바꾸지 않는다. 하지만 오늘 미룬 것들이 내일의 권한을 줄인다. 이것의 반복으로 권한이 더 줄어들면 선택지는 비교할 수 없이 좁아진다. 좁아진 선택지는 다시 미루기를 강요한다. 이 순환에 갇히게 된다. 그러니, 어디서 끊어야할지는 명확하다. 지금 이 부분을 읽는 순간, 적어도 '판단'을 시작해야 할 시점이다.

이 문장들을 통해 당신에게 거창한 영웅 놀이를 시킬 생각은 없다. 갑작스럽게 지금 당장 거리로 뛰쳐나가거나, 어떤 활동을 하라는 것도 아니다. 오히려 그런 거창함은 대개 핑계가 된다. 준비가 덜됐으니 다음에, 내가 나서면 너무 드러나니 뒤에서, 판이 더 커지면 그때. 이런 핑계는 중립의 다른 말이다. 필요한 것은 작은 결정을 제때 하는 힘이다. 작은 결정을 미루지 않으면 큰 결정을 할 수 있다. 우리의 삶은 우리가, 우리의 나라는 우리가. 작은 결정조차 매번 남에게 맡기면 큰 결정은 영원히 남의 차지가 된다. 무의미한 비방과 댓글 대신 제대로된 의견을 갖추고, 피드에 계속 내려오는 분노를 소비하는 대신 실제로 관여하고 참여할 범위를 정해라. 지금 우리가 선택한 한 줄이 이후의 질서를 바꿀 수 있다. 이미 과거의 우리가 선택한 삶의 방식이 지금을 만들고 있으니까.

그러니 다시 묻는다. 지금이 중립을 지킬 때인가? 여기서 그만둘 것인가? 이어지는 페이지에서는 역사 속 사례를 꺼낼 것이다. 타협이 어떻게 다음 파국의 문이 되는지. 침묵이 어떻게 도시에 입마개를 씌우는지. 방관이 왜 늘 문제를 키우는지. 그리고 일상에서는 그 회로를 어떻게 끊을 수 있는지.

스레브레니차 1995
: UN의 안전지대와 방관

    1995년 보스니아 동부의 스레브레니차는 유엔이 '안전지대'로 지정한 곳이었다. 안전지대라는 말은 단어 그대로 그곳 만큼은 공격이 금지된다는 뜻이었고, 그 약속을 믿고 수만 명이 몰려들었다. 현장에는 네덜란드 군이 평화유지군으로 배치되었지만 임무는 모호했다. 당시 교전중인 이들을 제압하는 전투는 금지됐고, 중립을 지키며 충돌을 막으라는 지침이 우선이었다. 안전지대 지정은 유엔 안전보장이사회를 통해 문서화 되어있던 상태였다. 종이 위의 약속은 명확했다. 하지만 실전에서 그 약속을 이행

할 힘과 의지는 부족했다.

1995년 7월 보스니아 세르비아계 군이 라트코 믈라디치의 지휘 아래 진격했고, 도시 방어선을 무너뜨렸다. 공습 요청은 지연되거나 축소됐다. 관측소가 떨어져 나가고 도로가 차단되면서 보급은 말랐다. 유엔 내부 보고서는 이 과정의 혼선과 결정을 기록으로 남겼다. 현지 부대는 증원과 근접항공지원이 필요하다고 반복 보고했지만, 상부는 단계적 경고에 머물렀다. 당시 네덜란드군은 400명에 불과했고, 소총 중심의 경무장 상태였으며 사실상 교전권보다는 '요청권'이 중심인 상태였다. 하지만 이에 반해 당시 믈라디치 휘하의 세르비아군은 약 2만명 규모로, 탱크와 중화기를 완비한 전투력 격차를 완벽히 보여주고 있었다. 안전지대는 그때까지도 여전히 안전지대로 남아 있었지만 사실상 효력을 잃어가고 있었다.

결국 세르비아계 군에 의해서 도시가 함락되자마자 안전지대는 무너졌다. 저런 격차를 뒤엎기에는 상황이 열악했으며, 그마저도 '중립 유지' 명목으로 선제 대응도 불가능했기 때문이다. 그처럼 안전지대가 무너지자마자 먼저 남성과 소년들이 분리됐고, 며칠 사이 8천 명 안팎의 보스니아계 무슬림 남성과 소년이 학살

됐다. 국제형사재판소와 국제사법재판소는 이를 우발적인 복수가 아닌 "무슬림 남성"을 타겟으로 특정 민족 집단의 생존 가능성을 제거하기 위한 집단살해로 판단했고, 믈라디치를 비롯한 지휘부는 유죄 확정 판결을 받았다. 국제사법재판소도 스레브레니차에서 벌어진 행위를 집단살해로 인정했다. 사실상 안전지대라 해서 피신했는데, 그 안전지대가 얼마나 쉽게 무너질 수 있는지를 볼 수 있던 케이스였다.

이 사건의 핵심은 "중립"의 사용 방식에 있었다. 평화와 중립 유지는 물론 좋은 말이고 좋은 방식이다. 하지만 문제는 그 원칙이 어느 한 쪽의 계산에 포함될 때다. 공격자는 "유엔은 쏘지 않는다"라고 해석한다. 억지력이 없으면 경고는 힘없는 말이 된다. 스레브레니차의 중립은 싸움을 멈춘 것이 아니라, 사실 가해자에게 움직일 시간과 통로를 내준 셈이 됐다. 유엔의 사후 보고서가 "교훈"을 길게 적은 이유도 여기에 있다. 안전지대를 선언했으면 그 약속을 강제로라도 지킬 수단이 같이 있어야 한다. 그렇지 않으면 간판이 사람들을 한곳에 모으고, 그 밀집이 오히려 학살의 대상이 된다.

그러니 중립은 말이 아니라 힘의 배치다. 말 뒤에 그럴듯한 실력이 없으면 오히려 공격자에게 유리한 환경을 만든다. 스레브레니차에서는 공습 승인 지연, 병력 보강 실패, 보급 차단을 풀지 못한 채 현장을 관리하려 했다. 결과는 역사가 보여준다. 책임 있는 개입이 빠지면 무책임이 초래한 실패만이 빈자리를 채운다. 이러한 부분은 법정 판결과 유엔 공식 문서가 남긴 기록에서도 확인된다.

이 사례를 오늘로 가져오면 결론은 더 간단해진다. 중립을 가장하며 결정을 미루면, 더 강한 결정을 가진 쪽이 방향을 정한다. 스레브레니차에서 약한 쪽은 무고한 주민이었다. 그러니, 약속은 수단과 짝지어야 한다. 보호를 말했으면 억제력을 준비해야 한다. 관측과 보고만으로는 아무것도 지켜지지 않는다. "나는 어느 편도 아니다"라는 말은 때로 "나는 결정을 남에게 맡긴다"는 뜻이 된다. 그 남이 누구인지, 무엇을 원하는지 모를 때 중립은 선택이 아니라 방치다. 그리고 방치는 언제나 누군가의 기회다. 스레브레니차는 이러한 사례들의 시작점이다. 우리가 여기서 확인한 것은, 결정을 미루는 태도도 하나의 결정이라는 사실이다.

뮌헨 1938
: 타협이 전쟁을 키운 사례

 1938년 가을의 뮌헨은 타협이 아니라 잘못된 양보의 교과서다. 유럽은 1차대전의 상흔에서 아직 완벽하게 회복하지 못했던 상태였다. 영국과 프랑스는 재정이 약했고 여론은 전쟁을 원치 않았다. 반면 독일은 재무장을 마치고 속도를 올리고 있었다. 표면적인 명분은 소수민족 문제였다. 체코슬로바키아 서북부 수데텐의 당시 인구는 350만명 정도였는데, 그중 독일계 인구가 당시 약 300만명 정도로 수가 꽤 많았다. 1차 세계대전 이전에 오스트리아-헝가리 제국이었던 해당 지역에 체코슬로바키아가 들어서면서 그 국경 안에 독일계 주민들이 포함되었기 때문이다. 이에 히틀러는 그들이 "체코인이 아닌 독일인"이라며 민족자결권을 주장했고, 콘라트 하인라인이 이끄는 수데텐 독일당은 프라하 정부를 흔들었다. 하지만 요구는 단계적으로 커져갔다. 독일측은 자치권을 넘어 아예 병합 요구로 갔다. 이에 프라하는 협상과 군사 대비를 동시에 시도했다. 프랑스와는 상호방위조약에 근거한 동맹이 있었고, 영국은 다시 벌어질 전쟁을 막기 위해 중재자처럼 움직였다. 하지만, 실은 여기서부터 꼬이기 시작한 거였다. 체코와 프랑스, 영국은 전쟁으로 확대되는 것을 막기 위해 외교적인 방식으로 접근했지만 애초에 강경하게 나오는 독일에게 협상의 주도권을 넘겨버린 것이나 마찬가지였다.

당시 체코의 수데텐은 단순한 지역이 아니었다. 국경 요새선이 촘촘했다. 중공업, 특히 스코다 공장이 있었다. 방어선과 산업이 한 묶음인 요충지였다. 여기가 넘어가면 체코슬로바키아는 서쪽 방어를 잃고 안쪽이 노출된다. 이 사실은 영국과 프랑스도 알고 있었다. 그럼에도 네빌 체임벌린은 전쟁 회피를 최우선으로 뒀다. 그는 히틀러를 여러 차례 직접 만났다. 베르히테스가덴과 바트고데스베르크에서 히틀러는 한 번 양보하면 끝이라고 말했다. 말은 달콤했고 요구는 매번 커졌다. 체임벌린은 문구를 바꿔가며

종이를 쌓았다. 프라하의 에드바르트 베네시는 압박을 받았다. 일단 수데텐을 넘기라는 것이었다. 프랑스의 에두아르 달라디에도 같은 분위기와 흐름을 읽었다. 대중은 전쟁을 두려워했고 정치인은 그 두려움에 반응했다. 이 장면에서 이미 이 사례의 결론은 정해진 것이나 마찬가지다. 방어 수단을 먼저 떼주고 평화를 '약속'받는 구조가 굳어졌기 때문이다.

1938년 9월 말, 뮌헨 회담이 열렸다. 독일과 이탈리아, 영국과 프랑스가 서명했다. 체코슬로바키아는 당사자였지만 초대받지 못했다. 수데텐은 독일로 넘어갔다. 독일군은 10월 1일 진주했다. 그 순간 체코슬로바키아의 요새선은 의미를 잃었다. 병참선이 바뀌고 포대가 침묵했다. 방어의 이빨이 빠진 것이다. 다음 수는 예상 가능했다. 이듬해 3월 독일은 보헤미아와 모라비아를 점령했다. 슬로바키아는 괴뢰국이 됐다. 뮌헨의 약속은 반년도 가지 못했다. 독일은 수데텐에서 얻은 산업력과 고지를 발판으로 삼았다. 체코슬로바키아는 스스로의 방패를 넘겨준 뒤 보호를 부탁한 셈이 됐다. 다만 평화는 오지 않았다.

당시 영국에서 체임벌린은 "우리 시대의 평화"를 말하며 환영을 받았다. 군중은 안도했고 신문은 칭찬했다. 그 장면만 보면 전쟁은 이미 끝난 듯 보였다. 하지만 그렇게 말뿐인 평화는 짧았다. 히틀러는 말보다 더 빨리 움직였다. 그는 상대의 계산을 읽었다. 상대방의 대중이 전쟁을 두려워한다는 사실, 지도자들이 그 두려움을 정당한 정치로 포장한다는 사실을. 이런 상황에서 억지력이 없는 문구는 신호다. 더 나아가도 된다는 허가나 다름이 없다. 공격 의지가 있는 자에게 상대방의 양보는 종착지가 될 수 없다. 그저 더 멀리 나아가기 위한 중간 기착지일 뿐이다. 이 단순한 역학은 오늘날에도 똑같이 작동한다. 수단을 떼고 약속을 받으면, 약속은 곧바로 쓰레기통으로 간다.

체코슬로바키아의 입장에서 보면 더 선명하다. 자신이 빠진 회의에서 자신의 국경이 정리됐다. 수데텐 독일계의 권리 문제는 실재했다. 하지만 그 문제를 해결하는 방법으로 군사적 방어선과 산업력을 일괄 양도하는 선택은 최악이었다. 국경선이 움직이는 순간 외교력 역시 줄어들었다. 땅을 되돌리는 데에는 문장이 아니라 병력이 필요하다는 사실이 밝혀졌다. 프라하는 동맹을 믿었다. 프랑스는 부담스러워했고 영국은 조정자로 머물렀다. 소련의 개입 가능성도 논의됐지만, 현실의 통로는 막혔다. 폴란드와 루마니아는 소련군 통과를 꺼렸다. 폴란드는 오히려 당시 체코슬로바키아와 영토갈등이 있던 체신 지역을 점령했다. 주변의 이해득실이 얽히자 국제적 보호는 더 멀어졌다. 이런 조건 속의 "중립"과 "평화"는 빈 껍데기였다.

물론 프랑스와 영국의 지도자들을 단순한 겁쟁이로 규정하면 쉬워 보이지만 설명력은 떨어진다. 그들은 1차대전의 트라우마에 묶여 있었다. 재정과 병력, 장비와 이를 바탕으로 일어나는 전쟁의 현실을 알았다. 국내 여론도 거셌다. 그래서 타협의 유혹이 강력했다. 이런 유혹은 늘 '합리'라는 포장지를 달고 나온다. 전쟁을 피했다는 단기적인 성과, 지지율, 시장의 안도감, 다음 선거. 그 대가가 무엇인지 계산을 끝까지 밀어붙이지 못했다. 타협으로 상대의 기세를 꺾을 수 있다는 믿음이 남아 있었다. 우리는 프랑스, 영국이니까. 하지만 이런 마인드에도 불구하고 수데텐은 기세를 꺾고 잠재울 수 있는 양보가 아니었다. 사실 상대방에겐 '시작점'이었는데 그걸 '종착지'로 착각해버려서, 기세를 돕는 양보가 되었다. 뭐든 한 번 응해주면 다음 요구는 쉬워진다. 다음 요구가 쉬워지면 협상은 짧아지고 오히려 행군 속도는 빨라진다. 결국 전쟁은 피할 수 없게 된다. 피하려다 키운 전쟁. 이것이 뮌헨 회담을 지금 바라보는 우리가 얻어가야 하는 마인드셋이다.

갈등을 잠시 피하기 위해 넘겨줄 수 있는 것과 넘겨서는 안 되는 것을 구분해야 한다. 논점 자체, 기준선, 억지력을 지탱하는 자원은 넘기면 끝이다. 상대가 요구를 갈수록 키워갈 구조에서는 작은 선의가 다음 압박의 단서가 된다. 물론 상대방의 요구를 들어주면 단기적인 평온을 준다. 하지만 장기적인 파국으로 치닫는 속도를 올린다. 이후의 요구는 더 거칠어진다. 중립을 표방하며 분쟁을 미루면, 분쟁은 다음 라운드에서 더 비싼 형태로 돌아온다.

뮌헨 회담의 또 다른 실패는 당사자 배제다. 체코슬로바키아가 빠진 합의는 지속 가능하지 않았다. 당사자가 빠진 자리에서 서명은 가벼울 수밖에 없다. 비용을 치를 주체가 동의하지 않았는데, 그저 더 이상 영토 확장을 하지 않겠다는 '약속' 하나만 믿고, 타국의 영토를 선심쓰며 내준 이 상황이 지금의 시선에서는 믿기지 않는다. 실제로 영국과 프랑스는 이 회담을 통해 나온 뮌헨 협정을 통해 전쟁을 '1년' 미뤘다.

이러한 원리는 일상에서도 성립한다. 이해당사자를 빼놓고 정한 룰은 당연하게도 현장에서 이행되지 않거나, 많은 반발을 가지고 온다. 문서나 정책의 효력, 권위만 믿고 강행하면 반발이 쌓인다. 당사자는 테이블 안으로 불러야 한다. 불편하더라도 시간을 들여야 한다. 시간 단축을 위해 생략한 절차는 나중에 훨씬 비싼 대가로 되돌아온다. 뮌헨은 이러한 생략이 만든 비용을 숫자와 피로 기록했다.

체임벌린이 들고 온 "평화"라는 말 자체가 문제는 아니다. 평화는 중요하다. 문제는 평화를 뒷받침하는 수단과 순서다. 억지력과 감시, 집행이 결합되어야 평화가 힘을 얻는다. 그것들이 빠진 평화 약속은 공기와 같다. 느낄 수 있으나 붙잡을 수 없다. 히틀러는 그것을 아는 사람이었다. 그는 말의 빈틈과 타이밍을 이용했다. 상대의 망설임을 바로 읽었다. 뮌헨에서 그는 자신이 원하는 결과를 얻었다. 오히려 전쟁을 미룬 것이 아니라 전쟁 준비 시간을 벌었다. 독일의 입장에선 확장을 '잠깐' 멈추고 사실상 영토를 공짜로 점령한 것이나 다름이 없었다. 하지만 반대편은 심리적 휴식만 얻었다. 휴식은 길지 않았다.

한편에서 영국은 뮌헨 회담 이후 재무장 속도를 올렸다. 독일의 다음 움직임이 예측 가능해지자 1939년 봄에는 폴란드에 대한 안전 보장을 발표했다. 그러나 이미 늦었다. 9월 1일 독일이 폴란드를 침공했고, 전쟁은 시작됐다. 뮌헨으로 벌어둔 시간은 독일에도 있었다. 시간은 중립이 아닌 자에게 더 유리하게 흐른다. 시간을 얻는다는 말은 동일하게 작용하지 않는다. 준비된 자에겐 도약의 시간이 되고, 준비 없는 자에겐 체념의 시간이 된다. 뮌헨 회담에 참가한 국가들이 어느 쪽이었는지 분명하다.

그러니 중립과 평화를 단순 표방하는 언어에 속지 마라. 물론 진정, 질서 회복, 상대 이해, 대화. 이런 말들은 필요하다. 그러나 그것들이 방어 철수와 함께 묶여 있을 때는 경고로 읽어야 한다. 대체 왜 적들은 건재한데 방어를 줄이나? 우리 현실이 그렇다고? 인구수가 줄어들고 충원율이 줄어드니까 그에 맞게 재배치하는 거라고? 거기까진 그렇다고 치자. 하지만 우리는 분명히 아직 '휴전중인 국가'임을 인지하고 있어야 한다. 왜 여러 의문에 대답하지 않는가? 왜 계속 '방어력' '억제력'과는 반대되는 길로 가려하는가? 우리 스스로도 잘할 수 있다고? 다 떼놓고 나중에 역사책에서 지금을 조명한다고 생각해라. 이게 평화를 표방하면서 적에게 이득을 주는 방향성인지, 진정 평화로 가는 길인지, 평화를 유지할 수 있는 힘을 스스로 내려놓는 것은 아닌지.

방어선 뒤의 평화는 평화다. 방어선 앞의 평화는 빈말이다. 우리의 삶에서도 똑같다. 우리가 일상에서 누리고 있는 지금의 평화는 어디서부터 이루어졌나? 당장 그때의 피와 눈물을 잊은 것인가? 적어도 전세계는 몰라도 우리는 알아야 한다. 지금은 평화를 표방해서는 안된다는 것을. 여전히 더 굳센 평화, 어디에도 흔들리지 않는 평화를 만들어야 한다는 것을. 이것 없이 겉으로만 좋은 말만 나누는 합의는 미래의 평화를 앗아갈 것이다. 오늘의 편안함과 내일의 취약함은 세트로 움직인다.

마지막으로 이 사례에서 절대 이 사실을 놓치면 안된다. 당장의 결정을 미루기 위해 만든 타협은 추후에 내릴 결정을 더 비싸게 만든다는 것을. 수데텐이 넘어간 순간, 다음 단계의 선택지는 반으로 줄었다. 남은 선택지는 더 위험하고 더 큰 비용을 요구했다. 과연 그것을 모르고 하는 것일까? 알면서도 할 수밖에 없는 것일까? 그러면 우리가 마주한 그런 상황은 무엇인가? 바이마르 말기의 회색정치도 같은 회로를 탔다. 국제사회가 개입을 미루며 계산했던 르완다의 비극도 이 회로 위에 있었다. 도시는 침묵 속에서 권리를 잃었다. 다수 속에서 책임은 사라졌다. 문장으로 평화를 샀다고 믿은 순간, 실제로 산 것은 다음 전쟁을 준비할 시간이었다. 당신의 오늘도 같은 종류의 시간인지 고민해봐야한다. 우리에게 있는 시간이, 사실상 이미 다가오는 전쟁과 미래를 대비하는 시간인지.

바이마르 1932-33
: 회색정치의 끝

 1932년과 1933년의 독일은 나라가 이상해지는 과정을 교본처럼 보여준다. 경제 위기가 길어지자 정치는 정상적이라는 단어와 멀어지기 시작했다. 1929년의 대공황 이후 여파로 실업자는 수백만 명이 나오고, 독일 경제는 붕괴했다. 이런 불황 속에서 국민들은 기존 정당에 실망했고 정당은 갈라졌으며, 의회는 분열되어 아무런 결정도 제대로 내리지 못했고, 이 틈을 타 히틀러가 나오게 되었다.

당시에는 다수파가 아니어도 목소리 큰 소수가 의제를 끌고 갔다. 의회는 싸우기만 했고 법률은 통과되지 않았다. 대통령 비상대권 아래서 긴급령이 일상이 됐다. 의회 다수 대신 대통령령으로 정치를 운영했기 때문이다. 이런 상황 속에서 정당들은 서로 손을 잡지 못했다. 중간지대의 인물들은 눈치를 봤다. 충돌을 피하려고만 했다. 결과는 간단했다. 결정을 제대로 내리지 못한 이들의 자리를 더 급하고 단호한 세력이 가져갔다. 그 세력은 파괴를 전제로 움직였다. 질서를 얘기하면서 절차를 지웠다. 표를 모으면서 반대의 자리를 없앴다. 이건 갑작스럽게 일어난 나라의 변신이 아니었다. 조금씩, 그러나 끊김 없이 이루어진 연속이었다. 하나씩 보면 모를 일도 뒤늦게 모아 보면 뒤틀리고 잘못된 방향으로 나아간다는 사실을, 언제나 미래와 외부에서만 볼 수 있다.

이때 바이마르 헌법은 자유를 넓게 보장했다. 동시에 긴급상황 조항이 강했다. 위기가 닥치자 사람들은 편한 쪽으로 기울었다. 타협하기보다 단기간의 안정에 기대는 선택을 했다. 대통령령이 버티게 해주자 의회는 더 쉬었고, 장관들은 책임을 나눴다. "잠시 이런 방식으로 가자"가 "원래 이렇게 했던가"로 바뀌는 데는 오래 걸리지 않았다. 그 사이 프레임도 변했다. 반대&소수 의견은 과격한 극단적인 이들 취급을 받았다. 무난하게 보이고 싶었던 중간층은 조용해졌다. 조용함은 동의로 해석되었다. 동의로 해석되니 더 빠른 방식이 정당성을 얻었다. 모두가 칭찬한 것은 아니었지만, 크게 막는 사람도 많지 않았다. 바쁘고 피곤했고 다음 생계가 걱정이었다. 그래서 "잠시만"이 늘어났다. 늘어난 "잠시만"이 나라의 습관이 됐다.

총리 임명은 연속적으로 실패했다. 서로가 서로를 못 믿었다. 그러는 사이 거리의 충돌은 커졌다. 폭력적인 장면들이 뉴스가 되었고 사람들의 체감 불안은 높아졌다. 이때 강경파는 간단한 약속을 들고 나왔다. 빠른 정리, 책임자 색출, 원인 봉쇄. 불안한 사람들은 시원하다고 느꼈다. 중도층 역시 불편했지만 말리지 않았다. 말하면 튀는 인물이 될 것 같았기 때문이다. 튀면 손해라고 배웠기 때문이다. 그래서 입을 다물었다. 침묵은 편안했지만 안전하지 않았다. 바로 그 침묵이 권력 집중의 통로였다. 예외 조치가 계속되고 언론과 결사의 공간이 줄어들었다. 선거는 남았지만 의미는 줄었다. 살아 있는 절차처럼 보였지만 결과를 바꾸기 어려웠다. 그 징후를 읽는 데에는 특별한 통찰이 필요하지 않았다. 다만 말할 용기가 필요했다. 많은 사람이 그 용기를 내지 않았다.

결정적 고비는 권한위임법이었다. 공식 명칭은 '국민과 국가의 고통을 제거하기 위한 법률'로, 핵심 내용은 당시 내각이 의회의 승인 없이 법률을 제정하고 헌법을 수정할 수 있도록 하는 것이었다.

1933년 2월 국회의사당 방화 사건이 발생하자, 히틀러는 이를 공산당의 음모로 몰며 긴급사태를 선포했다. 그 결과 나치에 반대하던 공산당 의원들이 체포되었고, 히틀러는 '국가적 혼란을 수습하기 위해 정부에 비상입법권을 달라'고 요구했다. 이것이 바로 권한위임법이다. 나치당과 보수 정당, 가톨릭 중앙당 일부의 찬성으로 법안은 통과되었고, 의회는 스스로 입법권을 내어주는 결정을 내렸다. 그 직후 관료 조직은 신속함을 이유로 절차를 생략했고, 방송과 신문은 '자율'을 내세워 자기검열을 강화했다. 기업은 이해득실을 계산하며 협력했고, 학교는 분란을 피하려 해석을 줄였다. 시민은 생계를 이유로 정치적 관여를 줄였다. 각자의 선택은 모두 나름의 논리가 있었지만, 합쳐놓으면 한 방향으로 수렴된 그림이 되었다. 이렇게 다양한 권력이 한쪽으로만 흐르기 시작했고, 그 흐름은 멈추지 않았다. 한 번 잡힌 속도는 사람들을 더 조용하게 만들었고, 그 조용함은 다시 '동의'로 기록되었다. 바로 여기서 나라의 방향이 꺾였다. 법과 제도는 여전히 존재했지만, 실제로는 다른 지휘 체계가 작동하고 있었다. 독일은 형식상 공화국이었지만, 히틀러가 정국 혼란을 명분으로 입법권을 장악하면서 입법·사법·행정을 모두 통제하는 나치 독재국가가 되었다.

이 과정에서 흥미로운 장면이 반복된다. 중립을 표방하던 인물과 집단이 실제로는 힘의 이동을 돕는다는 점이다. 의도는 아니라고 말할 수 있다. 그러나 실제로 그런 태도 자체가 작동하는 모습은 딱 부합한다. 중립, 중도는 그저 작고 단순한 선택이지만 누적되면 사회의 방향을 만드는데 일조하게 된다. 뭐가 됐든 나라든, 개인이든, 집단이든 모두 '방향'은 갖기 마련이며, 다수가 조용히 중도라고 주장할수록, 오히려 소수의 결정권자와 목소리 큰 사람들에 의해 방향이 정해질 가능성이 더욱 커지기 때문이다. 방향은 사람을 태운다. 태운 사람은 내릴 수 없다. 내리려면 리스크 크다. 리스크가 크면 당연히 용기가 필요하다. 용기는 대개 이미 상황이 다 벌어진 이후에야 늦게 나온다. 늦게 나온 용기는 의미가 없다. 모든 게 정해지고 나서야 사람들은 뒤를 본다. "나라가 왜 이 모양이지"라는 말은 그때 나온다. 그러나 늦게 나온 말과 용기는 허공으로 퍼져나갈 뿐이다.

이런 일을 남의 역사로만 읽으면 결국 당하게 된다. 중간지대의 책임은 이처럼 크다. 적어도 중간을 표방할 거라면, 완충 역할이라도 해줘야 한다. 양측 서로의 말을 연결하고 과열을 식히되, 기준선을 지키게 해야 한다. 기준선은 말뿐이 아니다. 절차 준수, 정보 공개 같은 구체적 행동이다. 바이마르의 실패는 사회와 경제가 혼란스러울 때 중도층이 침묵하게 되고, 그저 지켜보기만 하면 어떤 일이 벌어지는지를 보여준다. 말은 위기 앞에서 가장 먼저 사라진다. 사람과 제도가 수단화될 때 나라의 공기가 변한다. 공기가 변하면서 숨이 더 차오르게 된다. 하지만 언제나 뒤처진 쪽은 느린 사람이 아니라 틀린 사람으로 불린다.

나라가 이상해지는 초기 신호는 이렇게 시작된다. 의심하는 목소리가 피곤하거나 예민하다고 취급받고, 독립적 기관이 인력과 예산을 잃고, 특정 이슈는 필요에 따라 "다음에"로 미뤄지고, 서로가 서로에게 책임을 떠넘긴다. 그때 들리는 말의 형식은 비슷하다. 안정, 효율, 질서, 성과. 다 중요한 말이다. 그러나 이 말이 반대편 말을 지우는 지렛대로 쓰이지 않는지 살펴야 한다. 좋은 것은 우리 것, 안 좋은 것은 남의 것, 이런 지렛대가 쓰이고 있지 않은지 지켜봐야 한다. 균형은 권한의 균형이다. 권한의 균형은 참여와 공개, 절차와 독립에서 나온다. 이것이 무너지면 어느 날부터 질문하는 것 자체가 위험해진다. 위험해지면 질문을 하지 않는다. 질문이 사라지면 결정은 좁아진다. 좁아진 결정은 반복된다. 반복되면 사람들이 그게 정상이라고 믿는다. 정상이라고 믿는 순간, 당신도 그 안에 들어간다.

요즘은 SNS를 보면 이런 말들이 나온다. "그렇게 싫으면 이민을 가라" 마치 공지사항을 보내듯, 상담의 고정 멘트인 듯, 나라가 이상하고 불안하다는 취지의 내용이 달리면 꼬박 남겨지는 문장이다. 싫으면 떠나라고 하니까, 그 논리에 빠져서 떠날 수 없는 사람은 순응한다. 순응이 늘어나면 효과를 본 멘트는 더 잦아지고, 힘을 얻는다. 그리고 이게 마치 슬로건처럼 굳어버리면 반박조차 안하게 되고, 사람들 역시 순응해버린다. 이 악순환을 끊는 방법은 거창하지 않다. 사실상 국민이 나라를 걱정하는 것은 당연한 권리이자 응당 해야할 행위 아닌가? 초기 신호에서 이야기한 것처럼 의심하는 목소리가 예민하다고 취급받는 지금, 정말 문제가 있는 것인지, 이들의 목소리가 과연 헛된 걱정인지, 진지하게 판단을 해봐야할 문제일 것이다.

바이마르의 끝은 어느 날 갑자기 온 것이 아니다. 모두가 조금씩 덜 참여하고, 조금씩 더 미루고, 조금씩 더 조용히 하면서 만들어졌다. 나라가 이상해지는 초기에는 강압과 리더십, 둘이 비슷해 보인다. 둘 다 질서를 말하고 속도를 강조한다. 차이는 하나다. 질문을 허용하는가, 반대 의견에 어떻게 반응하는가, 책임을 개인에게만 전가하지 않는가. 문제가 당신과 내 손에 아직 남아 있을 때 해결해야 한다. 나중에 수를 쓰려고 하면 쓸 수 없게 된다.

르완다 1994
: 국제사회의 "중립" 비용

1994년의 르완다를 들여다 보면, "중립"이라는 태도가 어떻게 무력하게 변해가는지를 보여준다. 당시 1990년부터 1993년의 르완다는 후투족 정부와 투치계 반군의 내전이 이어지고 있었다. 이에 1993년 아루샤 협정 Arusha Accords를 통해 휴전이 체결되자, 유엔은 UNAMIR United Nations Assistance Mission for Rwanda 라는 평화유지군을 파견했다. 무력으로 분쟁을 막기보다 협정을 지키게 만들고, 이행을 감시하는 역할이었다. 이에 "평화를 강제로 만들 수는 없다"는 규정 아래에서 강압적인 수색이나 선제 차단은 물론, 사실상의 무력 사용이 제한됐다. 평화를 만드는 것 Peacemaking이 아닌, 평화를 유지하는 Peacekeeping 것이었다.

하지만 앞으로 다가올 문제들에 대한 경보 신호는 일찍부터 나왔다. 극단주의 라디오 방송 RTLM이 투치족을 바퀴벌레라고 부르며 혐오를 조장했고, 수도에는 검문소가 전역에 설치되며 촘촘해졌으며, 민병대를 확대하고, 창고에 무기가 쌓였다. 이런 상황 속에서 당시 UNAMIR의 사령관 로메오 달레어는 유엔 본부에 경고 전문을 보고했다. 하지만 본부에서는 "증거를 더 모아라. 상황을 악화시키지 말아라. 중립을 지켜라."라는 답변만이 왔다. 그렇게 시간이 흐르는 동안, 결정적으로 1994년 후투족 출신의 대통령이 탄 전용기가 격추되며 사망해버리는 사건이 발생했다. 후투족의 극단파는 바로 다음 날부터 학살 명령을 내렸고, 투치족과 이외의 사람들이 체계적으로 희생당했다. 전후로 구조요청이 들어왔지만 여전히 평화유지군은 "내정 불간섭" 과 "중립유지"라는 말로 개입할 수가 없었다.

이러한 상황 속에서 벨기에 병사 10명이 살해된 사건은 전환점이었다. 학살 첫날에 벨기에 평화유지군이 경호 임무 중 민병대에 의해 체포되어 살해당했고, 벨기에는 이에 자국 병력의 안전을 고려하여 철수를 검토했다. 핵심 파견국인 벨기에가 충격을 받고 철수를 고민하는 순간, 파견 규모는 오히려 줄어버렸다. 더 많은 인원이 확충되어도 모자랄 때 줄여버린 것이다. 당시 2,500명이던 병사들은 270명 정도로 축소되었으며, 사실상 학살이 시작된 시점에 평화유지군은 전력을 급감시킨 것이다. 하지만 이런 상황 속에도 국제사회는 문구를 회피하는 데 시간을 썼다. "학살"이라는 단어를 피했다. "집단 학살"로 규정되면 국제법상 개입 의무가 발생하기 때문이다. 그래서 단어를 피하면 책임도 피할 수 있다고 믿었다. 하지만 이런 행동은 르완다에게 시간을 벌어주지 않았다. 100일 동안 약 80만 명 이상이 살해되었고, 국가는 더욱 혼란에 빠졌다. 오히려 학교와 교회, 경기장 같은 피난처가 갈수록 표적이 되었다. 그곳에서는 수백, 수천 명이 모여 학살당했고, 유엔의 안전지대라는 말은 오히려 "덫"이 되어버렸다. 현장에 남아 있던 평화유지군은 규정 때문에 손과 발이 묶인 채 상황을 바라봤다. 사실상 중립이 '방관'의 다른 이름이 되어버린 것이다.

이 비극의 구조는 단순하다. 위험 신호를 발견하고도 최대한 뒤로 미루는 구조. 더 악화되지 않을 거라는 막연한 믿음. 우리부터 우선 안전해야 한다는 생각. 이런 것들이 오히려 진정 위험을 해결할 수 있는 행동으로 이어지는 것을 막는다. 앞의 사례에서도 이야기했듯 중립은 균형을 위한 기술이지만 수단이 없으면 방치의 다른 이름이 된다. 방치는 늘 같은 순서를 밟는다. 그리고 언제나 그 순서의 마지막에는 사람의 생사가 달려있다.

홍콩 2019-20
: 침묵의 대가

더 나아가 홍콩의 최근 10년은 법과 제도를 이용한 "자유의 범위"가 축소되는 과정을 압축해서 보여준다. 사실상 겉으로는 크게 바뀐 것이 없는데, 제도는 그대로여도 내용을 바꾸면서 방향을 전환한 것이다.

그 출발점은 2019년 정부가 추진한 범죄인 인도법 개정이었다. 1997년 영국으로부터 중국에 홍콩이 반환될 당시, 홍콩은 "일국양제一國兩制"라는 한 나라의 두 제도 원칙 아래에서 자유로운 법치와 독립적인 사법 체계를 보장받았다. 홍콩은 중국의 헌법과 달리 "기본법"이라는 준헌법을 가졌는데, 이 준헌법을 통해 중국 본토 기관의 홍콩 영향력을 차단할 근거를 마련한 것이다. 그리하여 반환 이후에도 홍콩은 영국식 보통법 체계를 유지함과 동시에 판례법을 원칙으로 배심제, 독립적 법관 임명 제도를 유지했고, 중국 본토와는 다른 체계를 유지하며 사법적인 독립을 지켜냈다. 하지만 2019년에 추진된 범죄인 인도법 개정의 주된 내용은 범죄자를 중국 본토로 인도하는 길을 여는 조항이 핵심이었고, 시민들은 사법 자치와 표현의 자유가 무너질 위험을 직감했다. 피의자가 중국 본토로 인도된다면 홍콩의 사법 체계가 아닌 본토의 사법 체계를 적용받을 거라고 생각했기 때문이다. 그에 6월 9일, 100만명 규모로 추산되는 대규모 시위와 더불어, 6월 12일의 충돌, 6월 16일에는 추산 200만 명의 더 큰 인파가 시위에 참여하며 목소리를 냈다. 시위는 "완전 철회와 독립 조사, 체포자 사면, 폭도 규정 철회, 보통선거"로 요약된 다섯 가지 요구로 정리됐다. 정부는 일시 중단이라고 말했지만 철회가 아니었다. 같은 달 말부터 경찰력과 충돌이 빈번해졌고, 이에 7월 21일에는 "원랑역 습격 사건"이라고 불리는 사건이 발생했다. 당시 흰옷을 입은 친정부 집단이 원랑역을 습격해 시위에 참가한 시민과 기자를 무차별 폭행했다. 하지만 신고가 쇄도했음에도 불구하고 경찰측의 대응은 늦었다. 8월 31일 태자역에서는 진압 과정의 과도한 폭력과 더불어 부상자, 실종자에 대한 큰 의혹을 남겼다. 항의는 더욱 커졌고 국제 사회의 주목도 높아졌다. 결국 정부는 9월 법안 철회를 선언했지만, 이미 신뢰는 무너진 뒤였다.

가을로 접어들며 집회 권리는 추가로 좁아졌다. 10월 4일 행정 수반은 비상조례를 발동해 '복면금지' 규정을 만들었다. 모든 집회와 행진, 시위에서 "마스크"를 포함한 가면, 얼굴 가리개를 착용할 수 없게 적용한 규정이었는데, 이는 합법적 집회에도 적용되는 광범위한 금지였고 위반 시 형사처벌 조항이 붙었다. 이에 2019년 11월 고등법원은 일부 위헌 판단을 내렸으나, 2021년 최고법원에서 '공공질서 유지 목적상' 합헌 취지로 판결되었다. 이에 시민들은 "표현과 집회의 자유를 침해하는 것"이라고 규정이 나온 직후부터 계속 반발해 왔지만, 결국 규정은 살아남았다. 긴급 권한이 한 번 열리면 되돌리기 어렵다는 사실을 확인한 장면이었다.

그리고 이런 와중 같은 해 2019년 11월 구의회 선거는 다른 신호를 보냈다. 기록적 투표율 71% 속에 민주 진영이 18개 구 중 17곳에서 승리하며 의석을 세 배 가까이 늘렸다. 시민이 제도 안에서 낼 수 있는 가장 명료한 의사 표시였다. 다만 구의회는 권한이 제한된 기초의회여서, 민심의 변화가 곧바로 상위 제도로 전달되지는 않았다. 훗날 이 선거가 "마지막으로 자유에 가까운 투표"였다고 회고되는 이유가 여기에 있다. 이후 몇 년 사이 해당 제도 자체가 전면 개편되어 직선 의석 수가 크게 줄어들었다.

그러다 2020년 6월 30일 전환점이 왔다. 중국 전국인민대표회의 상무위가 직접 제정 후 즉시 시행을 명하며 국가안전법이 전격 시행되었다. 국가분열, 정권전복, 테러행위, 외국 세력과의 결탁을 4대 범죄로 규정하며 최고 무기징역을 규정했다. 홍콩 거주자뿐 아니라 비거주자와 홍콩 밖 행위에도 적용 가능한 조항이 포함되었다. 국가안전 사무를 담당하는 본토 기관의 홍콩 상주, 사건의 이송 가능성, 새로 설치된 위원회의 결정에 대한 사법심사 배제 등 구조적 변화가 짧은 조문 속에 담겼다. 법률 명확성 원칙에 비추어 포괄적이라는 지적이 이어졌고, "소급 적용은 없다"는 문구가 포함되어도 위축 효과는 즉시 작동했다.

해당 법 시행 직후 홍콩의 풍경은 급히 달라졌다. 언론과 시민단체, 노조와 학생 조직에서 스스로 간판을 내리는 일이 빈번해졌다. 2020년 8월에는 애플데일리 창업자 지미 라이가 "외세와의 결탁" 혐의로 체포되었고, 2021년 여름, 신문사는 압수수색과 자금 동결 끝에 폐간됐다. 정치 제도는 이에 더불어 계속해서 바뀌었다. 2020년 11월 전국인민대표회 상무위의 결정에 따라 입법회 내 민주 성향 의원 4명이 즉시 자격을 상실했다. "선서와 충성" 기준을 재해석한 결과였다. 이 조치는 이후 광범위한 후보 자격 심사로 이어졌다. 2021년에는 선거 제도 전반이 "애국자가 다스린다"는 원칙 아래 재설계되었다. 후보 심사 기구가 강화되고, 직선 비율은 축소되었으며, 선거위원회 권한은 커졌다.

더불어 거리는 조용해졌지만 법률의 권역은 더 넓어졌다. 2024년에는 이른바 '23조'에 해당하는 보안법이 별도로 제정되어 간첩, 국가기밀, 내란·선동, 파괴와 외세 개입까지 홍콩 자체 법률로 촘촘히 편입되었다. 선동죄의 구성요건과 형량이 상향되고, 피의자 접견과 보석 제한, 장기 구금 가능 조항이 추가되었다. 제정 속도는 약 2개월 이내로 빠르게 진행되었다. 1년이 채 지나지 않아 기념일 전후 온라인 게시물만으로도 연행 사례가 보고되었다.

2019~2021년의 체포·기소 데이터는 그 단면을 보여준다. 수천 건의 체포와 장기 심리 대기, 보석 제한과 재판 지연이 결합되면서 "절차 자체가 처벌"로 기능하는 구간이 생겼다. 대학생과 청소

년, 직장인과 노인들까지 피고인의 구성이 넓었다. 폭력 사건뿐 아니라 집합 자체, 소지품, 온라인 표현이 쟁점이 되는 일도 많았다. 판결은 케이스마다 달랐지만, 공통점은 명확했다. 시간과 불확실성이 처벌의 형태가 될 수 있다는 점이었다.

사건의 전개를 "질서 회복"으로만 읽으면 놓치는 것이 있다. 2019년 여름 원랑역과 8월 태자역은 국가폭력이 아니라 시민 간 폭력과 공권력의 부재가 엉키며 발생한 특수한 장면이었다. 원랑역에서는 흰옷 집단의 집단폭행과 늦은 대응이 신뢰 붕괴를 가속했다. 이후 뒤늦은 검거와 일부 유죄가 나왔지만, 최초의 공백은 지워지지 않았다. 시민이 가장 두려워하는 것은 절대적 강경이 아니라 선택적 부재다. 보호가 있어야 할 때 비어 있고, 멈춰야 할 때는 과잉일 때, 사람들은 규칙이 아니라 눈치를 따른다. 눈치가 규칙을 대체하면 사회적인 공론장은 사실상 사라지기 마련이다.

이처럼 홍콩의 지난 10년은 제도가 붕괴된 것이 아니라, 제도가 스스로 방향을 바꾼 사례다. 절차는 유지됐지만, 그 절차가 누구를 위해 작동하느냐가 달라졌다. 국가안전법, 비상조치, 선거 개편, 보안법은 개별 사건이 아니라 권한의 흐름이 집중되는 과정이었다. 이런 구조는 겉으로는 안정과 질서를 보여주지만, 그

이면에서는 표현과 참여의 범위가 좁아지는 계기가 된다. 사회가 조용해질수록, 규칙보다 분위기가 앞서고 법보다 해석이 커진다. 그때 절차는 여전히 존재하지만, 그 절차가 담는 가치가 변한다. 결론적으로 이 흐름은 하나의 경고다. 국가든 조직이든 절차가 스스로의 목적을 잃을 때, 방향은 자연히 한쪽으로 기운다. 나라는 무너지지 않아도, 균형은 조용히 이동한다.

"화이트 모더레이트" 비판
: 킹의 옥중서간

    1963년 4월 16일, 마틴 루터 킹 주니어는 앨라배마 버밍햄 시 구치소에서 한 편의 공개 서한을 썼다. 이전의 배경을 살펴보면, 1963년 킹과 남부기독교지도자회의 SCLC 는 버밍햄 인종차별 철폐 운동을 벌였는데, 당시 버밍햄은 인종 간 분리 정책이 강한 도시 중 하나로 흑인에게 투표권, 공공시설 이용권, 고용 기회의 제한이 있었다. 하지만 현지의 백인 성직자 8명이 이러한 상황에 대한 운동을 보고 "지금은 시위할 때가 아니다, 법을 지켜라, 외부인이 와서 선동하지 말라"는 성명을 신문에 냈고, 현장에서 시위하다가 체포되어 구치소에 수감된 킹이 편지 형식으로 답장을 보낸 것이다. 그 제목은 '버밍햄 감옥에서 보낸 편지 Letter from Birmingham Jail'였다. 그는 그 글에서 왜 버밍햄이 자기 일인지, 왜 비폭력 직접행동이 필요한지, 어떤 법은 지켜야 하고 어떤 법은 어겨야 하는지, 기다리라는 충고가 어떻게 영구적 지연으로 변하는지를 차례없이 한 호흡으로 설명했다. 공개 서한에 대하여 단순한 호소가 아니라 시민불복종의 원리, 정의와 법의 관계, '질서'라는 명분의 위험성을 논리적으로 풀어낸 것이다.

먼저 시간, '때'에 대한 반박이 있다. 기다리라는 말은 표면상 중립처럼 들리지만 실제로는 현 상태를 고정하는 요청이다. 달라질 때까지 인내하라는 권유는, 바꾸지 않겠다는 결정의 우회 표현일 뿐이다. 이미 흑인들은 당시에 수백 년동안 "나중에"를 들었고, 여전히 "영원히 미뤄지는" 중이었기 때문이다. 이에 킹은 "지연된 정의는 정의의 부정이다"라고 하며, 변화는 불편함을 동반해야 올 수 있고, 도시가 불편할 때 권력을 협상하기 때문에 시위를 협상의 방해물이 아니라 협상을 가능하게 만드는 압력으로 보았다. 불편함이 없으면 그저 오래 미루는 쪽이 이기기 때문이다. 그래서 그는 직접행동을 즉흥이 아니라 준비된 절차의 일부로 제시했다. 사실을 모으고, 당사자와 협상하고, 도발에 흔들리지 않도록 마음을 단련한 다음, 마지막에 비폭력으로 공공장소에 긴장을 만든다. 이 순서를 밟아도 대답이 "나중에"라면 남는 수단은 평화적 압박뿐이다. 뚜껑을 닫아 냄새를 못 맡게 한다고 부패가 멈추지 않는 것처럼, 지금 이 상황만을 없애면 문제의 근본이 사라진다는 믿음은 미신에 가깝다.

법에 대한 반박은 더 핵심적이다. "법을 지켜라"는 말은 정당한 법과 부당한 법의 구분을 피한다. 당시에는 흑인들을 열등한 존재로 취급하고 공공시설을 분리하는 '인종분리법'이 합법이었는데, 여기에 킹은 고전적인 잣대를 불러왔다. 인간을 존중하는 법은 정당하다고 봤고, 특정 집단을 열등하게 만들고 참여를 박탈하는 법은 부당하다고 봤다. 다수의 힘으로 소수에게 일방적으로 강요된 규범은 절차상으로도 결함이 있다. 킹은 그런 상황에서 법을 어기는 것은 무정부주의나 폭동이 아니며, 공동체의 양심을 깨우는 공개적·비폭력적 호소라고 봤다. 얼굴을 드러내고 위반의 책임을 감수함으로써 법의 하자를 드러내는 일이기 때문이다. 형벌을 감수하는 태도 자체가 공동체를 향한 충성의 다른 모습이라는 점에서, 이러한 상황에서 법에 대한 불복종은 법치의 파괴가 아니라 갱신으로 읽힌다. 정당한 법과 부당한 법을 구별하지 않은 채 "모든 법을 지켜라"라고만 말하는 순간, 법은 도덕과 분리된 형식으로 추락한다. 형식만 남은 법은 권위가 아니라 도구가 된다.

외부인 선동론에 대해서도 킹의 반박이 있다. "왜 당신이 버밍햄에 오느냐"는 질문은 실은 모두가 연결된 공동체라는 사실을 부정한다. 한 곳에서 일어난 부정의는 불처럼 번져서 다른 곳의 정의를 위협한다. 교회와 시민단체, 언론과 시장은 지역 경계를 넘어 얽혀 있다. 울타리 안에서만 영향을 끼치는 것이 아니기 때문에 연대는 권리가 아니라 의무가 된다.

여기서도 알 수 있듯이, 침묵은 중립이 아니다. 침묵은 대개 강한 쪽에게 힘을 실어주는 행위다. 킹이 가장 날카롭게 비판한 대상이 극단주의자가 아니라 "질서를 정의보다 앞세우는 온건파"였던 이유가 여기에 있다. 그들은 늘 단계론을 말하며 타이밍을 늦추었다. "지금은 때가 아니다"라는 말은 현실에선 거의 항상 "영원히 아니다"로 변했다. 표면의 평온이 정의의 존재를 대체하는 순간, 공동체는 스스로 수치심을 느끼고 고치는 능력을 잃는다.

킹에 대한 폭력 조장 혐의에 대한 논리도 분명하다. 당시에 나왔던 비폭력 시위가 폭력을 낳는다는 주장은 인과관계가 뒤집어진 주장이다. 시위는 가려진 부정을 보이게 만들 뿐이다. 폭력은 그 노출을 막기 위해 발생한다. 비폭력이 사라지면 폭력도 사라질까. 그렇지 않다. 그럴 때 폭력은 더 보이지 않는 곳으로 숨어 더 오래간다. 그러므로 긴장이 존재한다는 이유로 시위 자체를 금지하는 조치는 감염이 두려워 진단을 금지하는 것과 같다. 증상이 안 보이면 건강해지는 게 아니라 병만 깊어진다.

추가로, 킹은 당시 "법적 절차에 맡겨라"라는 태도에 대해서도 그 한계를 비판했다. 당시 킹이 직면한 남부의 법원은 구조적으로 편향돼 있었고, 절차는 느리고 비용은 컸다. 애초에 1960년대 초 미국 남부의 법원은 대다수의 구조가 백인에게 우위를 점하고 있었기 때문이다. 배심원, 판사, 경찰 모두 인종 편향이 있었고, 이러한 상황 속에서 권리를 박탈당한 당사자에게 "몇 년 뒤 최종심에서 보자"는 말은 사실상의 방치였다. 그러나 킹은 사법 제도를 부정하진 않았다. 단, 법원이 마지막 안전장치이자 유일한 장치는 아닌 점에서 행정기관과 언론, 종교, 학계와 시민사회가 제 역할을 할 때 사법은 본연의 정밀함을 발휘한다고 봤다. 사실상 모든 책임을 사법 한 곳에 떠넘기고 시민의 책임을 축소하면 제도는 굳어버리기 때문이다. 그래서 킹은 종교와 지역 지도자들에게 먼저 물었다. 당신들이 시간끌기만을 반복하는 동안 누가 진짜 피해를 입고 있는지. 이러한 피해에 대한 비용은 늘 약자가 낸다. 약자가 낸 비용 위에서 유지된 평온을 평화라고 부를 수는 없다.

그러니 킹이 이야기한 모든 반박은 한 문장으로 모인다. "지금은 시위할 때가 아니다, 법을 지켜라. 지켜봐라"라는 말은 조건이 붙을 때만 유효하다. 그 법이 정당하고, 그 법을 고칠 제도가 작동하고, 그 제도를 사용할 현실적 통로가 열려 있을 때다. 그 조건이 빠진 상황에서 같은 말을 반복하면, 그 말은 질서의 언어가 아니라 정작 중요한 순간에 미뤄버리는 지연 명령어가 된다. 지연이 지속될수록 부정은 굳어간다. 굳어진 부정은 한 세대의 삶을 바꾼다. 그러니 킹이 보낸 편지는 단순한 문장들이 아니다. 기다리라는 말이 어떻게 현상을 영구화하는지, 물러서라는 충고가 어떻게 문제를 심화시키는지, 어느 법은 지키고 어느 법은 바꿔야 하는지, 그 바꿈이 왜 공개적이고 비폭력적이어야 하는지를 논증한다. 그래서 이 편지는 과거의 문서가 아니라 여전히 지금을 읽을 수 있는 기술서다. 그것이 킹이 감옥에서 종이에 남긴 최소한의 결론이다.

방관자 효과

이제 이렇게 많은 사례를 보면, 의문이 들 수도 있을 것이다. 모두가 이쯤되면 서서히 알게될 것이기 때문이다. '아, 글쓴이가 결국 하고 싶은 이야기가 이거구나' '역사 속 여러 모습과 상황이 지금 한국의 이러한 것들과 비슷하구나'. 하지만 2부를 마무리 하기 전에 한 가지 이야기를 더 듣고 가자.

다들 사람이 많은 장소에서 어떤 일이 발생했음에도 불구하고, 아무도 움직이지 않는 장면을 본 적이 있을 것이다. 그 침묵에는 이유가 있다. 책임이 희석되고, 주변을 살피며 눈치를 보고, 실수할까 봐 멈칫하는 심리. 심리학은 이를 방관자 효과 bystander effect 로 부른다. 이름은 중요하지 않다. 중요한 건 메커니즘이다. 사람이 많을수록 "누군가 하겠지"라는 계산이 빠르게 돌아간다. 주변이 가만히 있으면 "위급이 아닌가 보다"라는 오판이 붙는다. 틀릴까 봐 주저하면 "나서면 민폐일까"라는 자기검열이 더해진다. 이 세 가지가 동시에 돌아가면 사람은 본능처럼 뒷걸음친다. 그리고 뒷걸음친 빈자리를 더 커진 재난이 자연스레 차지한다. 이 현상은 거리의 사고, 부정 행위, 온·오프라인 괴롭힘, 이웃의 가정폭력, 혐오 발언, 심지어 정치와 행정의 위기 대응까지 같은 구조로 반복된다. 방관은 중립이 아니다. 방관은 침묵의 다른 표현인 것처럼, 가장 강한 쪽에게 힘을 몰아주는 행동이다. 그래서 "하지 않음"도 결과적으로 "한 것"이 된다. 우리는 이 구조를 아는 순간부터 선택에 책임을 갖는다. 알고도 움직이지 않으면 더 이상 몰라서 가만히 있었던 사람이 아니다.

현장에서 이 회로를 깨는 방법은 추상적 구호가 아니다. 가장 큰 오류인 "책임 희석"부터 끊어야 한다. 불특정 다수에게 "도와주세요"라고 외치면 아무도 움직이지 않는다. 얼굴을 보고 지목해라. "검은 모자 쓰신 분, 119에 신고해 주세요. 하늘색 셔츠 입으신 분, 입구로 가서 구급대 안내해 주세요. 안경 쓰신 분, AED 위치 확인해서 가져와 주세요." 이렇게 말하면 각자에게 책임이 생긴다. 군대에서나 각종 응급처치 교육에서 저렇게 '지목'하는 것을 중요하게 교육하는 것에는 다 이유가 있다. 이렇게 책임이 생기면 머뭇거림이 줄어든다. 중복을 막기 위한 재확인 문장도 붙여라. "신고 완료됐나요? 예, 119 연결됐습니다. 좋습니다, 통화 유지해 주세요."처럼.

두 번째 오류인 "상황 오판"은 신호를 크게 만드는 것으로 깬다. 주위에 위급임을 분명히 보여주는 단어를 쓰고, 위험을 구체적으로 묘사해라. "호흡이 멈췄습니다, 심정지 의심입니다." "출혈이 많습니다, 지혈 필요합니다." 애매한 말 대신 단정형을 써라. 이런 단정은 다른 사람들의 주저함을 없애고, 행동할 수 있도록 문을 연다.

세 번째 오류인 "두려움"은 역할 배분으로 약해진다. 혼자 나서면 실수를 두려워하지만, 역할 안에서 움직이면 실수의 부담이 분산된다. 지혈을 맡긴 사람에게는 시간을 알려주고 교대 지점을 지정해라. "양말로 압박하세요. 제가 ○○초마다 교대자 지정하겠습니다." 압박과 교대, 안내와 기록처럼 단순한 역할을 작게 쪼개면 참여 문턱이 낮아진다.

온라인에서도 방관자 효과는 똑같이 작동한다. 잘못된, 허위 정보가 퍼질 때 "누군가가 반박하거나 했겠지"라고 생각한다. 그러나 대부분 하지 않았다. 익명성과 군중 속에서 사람은 책임을 잊기 쉽다. 책임을 되살리는 가장 간단한 방법은 이름과 기록이다. "나는 보고도 아무것도 하지 않았다"라는 문장이 기록에 남는다고 상상해라. 대부분의 사람은 그 기록을 원치 않는다. 그 상상을 먼저 해라. 그러면 손이 먼저 움직인다. 스크린을 닫는 것도 선택이지만, 닫기 전에 한 줄을 남기는 것은 더 나은 선택이다. "허위 정보입니다. 출처 링크를 확인하세요." 같은 간단한 문장도 파급력이 있다. 이런 문장을 쓰는 소수의 행동이 그저 스쳐지나가면서 봤을 수많은 사람들에게 영향을 주고, 결과적으로 온라인의 공기를 바꾼다.

길거리의 응급, 온라인의 허위 정보 외에도 일상은 크고 작은 방관의 시험으로 가득하다. 이 모든 일들에 매번 완벽하게 대응할 필요는 없다. 다만 매번 "하나"라도 해라. 신고든, 기록이든, 제지든, 중재든, 동행이든, 증언이든, 안내든, 한 가지를 한다는 원칙을 스스로에게 걸어라. 한 가지를 하면 두 번째가 쉬워진다. 두 번째가 쉬워지면 주변이 배운다. 그렇게 일깨운 주변 사람들이 또 그들의 주변을 일깨우면서 영향력을 넓혀가는 것이다. 누군가의 첫 행동이 총량을 바꾼다. 총량이 바뀌면 사회적인 분위기가 바뀐다. 마치 요즘 '일단은 중립기어 박습니다'라는 말이 나오는 것처럼, 자잘한 댓글이 모여서 사회적인 흐름을 만들어낼 수도 있는 것이다.

책의 문맥에서 역사 사건들의 이야기를 하다가 갑작스럽게 나온 방관자 효과는 사회 전체의 무관심을 설명하는 도구다. 개인을 비난하는 채찍으로 쓰려는 게 아니다. 우리는 모두 한 번씩 방관자였다. 중요한 건 다음 장면이다. 알고 나면 바꿀 수 있다. 다음에는 한 발 더 앞으로 가면 된다. 이 한 발이 정치에서도, 직장에서도, 동네에서도, 인터넷에서도 방향을 바꾼다. "나는 정치에 관심 없다"는 말은 지금 시대의 방관 선언과 같다. 관심이 없다고 결과가 당신을 비켜 가지 않는다. 이 모든 것들은 결국 당신의 하루를 바꾼다. 각자의 작은 입력들이 모여 사회의 기본값을 바꾼다. 방관으로 바꿀 수 있는 것은 아무 것도 없다. 그러니 이제는 정말 방관에서 나아갈 때가 왔다.

우리 모두의 이야기

 이번 장에서 돌아본 장면들은 서로 다른 시간과 장소에 있지만 한 줄로 묶인다. 약속만 있고 수단이 없던 보호, 타협이라 부르던 포기, 질서를 명분으로 한 지연, 중립을 가장한 방치, 다수가 많을수록 더 조용해지는 군중. 스레브레니차의 안전지대라는 말은 사람을 모아 표적이 되게 했고, 뮌헨의 사례는 일시적인 평화를 사는 대신 다음 전쟁의 시간을 샀다. 바이마르의 회색정치는 결정을 미루는 사이 더 단호한 세력에게 권한을 넘겼다. 르완다는 "증거를 더 모으자"는 말이 어떻게 생존자를 줄였는지 보여줬다. 홍콩은 어떤 과정을 거쳐서 나라, 사회가 변화하는지를 남겼다. 그리고 킹의 편지는 "지금은 시위할 때가 아니다, 법을 지켜라"가 어떤 조건에서 정당하고 어떤 조건에서 지연의 언어가 되는지 논증했다. 마지막으로 방관자 효과는 "누군가 하겠지"가 실제로는 "아무도 하지 않는다"로 번역된다는 사실을 일상의 모습으로 관찰했다. 이 모든 사례의 요지는 하나다. 하지 않음은 중립이 아니다. 하지 않음은 언제나 힘을 강한 쪽에 더 얹어주는 배분이자, 암묵적 동의였다.

오늘날의 한국을 이러한 렌즈를 끼고 보면 조금 달라진다. 사람마다 보는 풍경은 다르다. 어떤 이에게는 지금이 위험의 초입이고, 다른 이에게는 아직 일상이다. 그러나 당장 관측 가능한 세계적인 흐름은 분명하다. 유럽의 국방비는 상승 곡선을 그리고 있고, 미국의 전략 기조는 인도·태평양에 더 많은 자원을 싣고 있다. 미·중의 힘겨루기는 기술과 공급망, 해양과 우주까지 영역을 넓혔고, 중·대만 긴장은 군사·경제·정보전이 함께 얽힌 복합 상황으로 고착되고 있다. 중동과 동유럽의 불안정은 원자재와 물류, 금융 변동성으로 번역되어 일상을 흔든다. 이 모든 외부 변수는 한반도의 안전과 산업, 인구와 교육, 에너지와 식량, 디지털 인프라와 정보보안까지 파급된다. "아무 일 없다"는 태도는 그래서 현실 묘사가 아니라 마음의 위안과 지금 당장을 넘기기 위한 주문에 가깝다. 주문은 위기를 늦추지 못한다. 결국 대비의 타이밍을 놓치게 만든다.

위험에 대한 해석이 다르다는 사실 자체가 위험은 아니다. 위험은, 해석의 차이를 핑계로 기본적인 조치를 미루는 일에서 생긴다. 각자에게 보이는 위기가 다르더라도, 실제로 세계를 둘러싼 위기가 있다는 사실만은 부정하기 어렵다. 외교의 긴장, 경제의 구조 전환, 기술 표준의 재편, 인구 구도의 급속한 변화, 기후 리스크의 현실화, 정보전과 심리전의 상시화. 여기에 더불어 AI와 로봇의 급격한 발전까지. 이 항목들은 이미 사실상 내가 부정하는지와는 상관없이 현실 속에서 이루어지고 있는 단계다.

이런 시대에서 개인에게 요구하는 것은 거창하지 않다. "나와는 상관없다"는 태도를 버리는 일, "아무 일 없다"는 주문에서 벗어나, 현실을 되돌아보고 점검하는 일, 그리고 자신이 보는 위험이 다르더라도 상대가 본 위험을 일단 생각해볼 수 있는 것. 다툼을 피하자는 명분으로 논쟁을 기각하지 말고, 논쟁을 질서 안에 올려놓을 규칙을 합의해야 한다. 그저 논쟁과 사고, 검색 없이 이 모든 세계의 일이 "잘 풀리길 바란다"는 말은 소망이지 계획이나 대처가 아니다.

　이번 2부에서 중립의 비용을 반복해서 경고한 이유는 단순하다. 지금의 세계는 관성으로 버티기 어려운 속도로 변하고, 그 변화는 생각보다 생활 가까이에 닿아 있다. 중립은 선택을 유보하는 기술일 뿐 목적이 아니다. 유보는 기한이 있을 때만 유효하다. 기한 없는 유보는 방치다. 방치는 늘 약한 쪽의 삶을 먼저 바꾼다. 그러니 "각자에게 보이는 위기가 다르다"는 사실을 인정하되, 현재 "위험이 실존하고 있다"는 사실 역시 인정하자. 그러곤 준비하는 것이다. 이런 세계 속에서 NPC처럼 짜여진 대로, 걱정 없이, 그저 배급 받는 즐거움에 눈돌아가서 세상의 흐름을 외면하지 않고, 위험을 마주보자는 것이다.

3부

NPC 탈출하기

감정의 자동화 끊기

릴스를 켜면 세상의 모습들이 스쳐 지나간다. 누군가는 웃거나 분노하고, 누군가는 사랑을 고백하고, 누군가는 실패를 극복한다. 짧은 길이 안에 기승전결이 완성되고 감정은 초 단위로 전달된다. 사용자는 한 편의 영상을 볼 때마다 감정의 작은 파편을 받아들인다. 그것이 반복되면 감정은 개인의 경험이 아니라 알고리즘이 설계한 순환 반응으로 바뀐다. 사람은 느낀다기보다 반응한다. 스스로 선택했다고 믿지만 사실상 감정이 자동재생된다. 감정조차 자동화인 시대다.

문제는 이런 감정이 대부분 앞에서도 이야기한 것처럼 극대화된 형태로 편집된다는 점이다. 슬픔은 비극으로, 행복은 환희로, 분노는 적대감으로 표현된다. 원래 현실의 감정은 흐릿하고 나누기 힘들며, 복잡미묘하다. 하지만 미묘한 감정은 기술적으로 불리하다. 알고리즘은 명확히 구분 가능한 것들을 좋아하고, 뇌도 마찬가지다. 자극이 명확할수록 보상 예측이 쉬워지기 때문이다. 이렇게 강화된 감정은 곧 주의와 기억을 독점하는 자극이 된다. 강렬할수록 기억되고, 기억될수록 같은 자극을 더 자주 찾게 된다.

감정 자동화의 구조는 단순하다. 플랫폼은 사용자의 체류 시간을 최대화하기 위해 정서적 극단의 패턴을 반복 노출한다. 사용자는 자신의 의식이 아니라 피드의 흐름에 따라 감정을 바꾼다. 짜증을 느끼고, 웃고, 부러워하고, 우울해한다. 하루 동안 수십 개의 감정이 교차하지만 그 감정들은 자신의 삶과 거의 관련이 없다. 그럼에도 뇌는 실제 경험처럼 처리한다. 심리학에서는 이를 정서적 대리경험 emotional vicariousness 이라 부른다. 타인의 감정을 반복 관찰하는 동안, 뇌의 감정 회로가 실제 경험처럼 반응한다. 결과적으로 사람은 타인의 감정을 자신의 감정으로 착각하게 된다. 감정이 더 이상 자기 것으로 작동하지 않으니 결정과 사고도 외부의 흐름에 휩쓸린다. 이것이 '사회가 부여한 감정을 받아들이는 상태', 즉 정서적 NPC화의 실체다.

영화 조커(2019)는 이 과정을 드라마틱하게 보여준다. 주인공 아서 플렉은 끊임없이 웃으라는 사회의 명령과 웃을 이유가 없는 현실 사이에서 균열된다. 그의 웃음은 감정이 아니라 반응이다. 자신의 감정을 느끼지 못하는 사람은 결국 사회가 설계한 감정을 수행하게 된다. 이건 비극적 픽션이 아니라 오늘의 SNS 구조와 거의 같다. 사람들은 사회가 요구하거나 제시하는 감정을 반복하며 존재감을 증명한다. 웃는 얼굴, 좋아요, 분노의 댓글, 감동의 이모티콘. 감정의 표현은 개인의 해석이 아니라 사회의 언어로 규격화된다.

감정 자동화를 끊는다는 것은 감정을 느끼지 않겠다는 뜻이 아니다. 누가 나의 감정을 설계하는가를 의식하는 일이다. 예를 들어, 분노를 느낀다면 "이 분노는 누구를 향한 것인가, 누가 이 분노로 이익을 보는가"를 질문하는 습관이다. 이 질문 하나만으로도 감정의 기원은 외부에서 내부로 이동한다. 사람은 타인의 감정을 전달받을 때, 그 감정이 자신과 무관하다는 인식이 있으면 신체적 반응이 현저히 줄어든다. 신경과학적으로는 편도체의 과

활성 억제 효과가 나타난다. 즉, 감정의 주체성을 인식하는 것만으로도 감정의 강도가 완화된다. 그 순간부터 감정은 소비가 아니라 해석이 된다.

심리학자 리사 펠드먼 배럿은 감정을 "즉흥적 반응이 아니라 예측의 산물"이라 정의했다. 뇌는 외부 자극을 보고 '이 상황에서는 이런 감정을 느껴야 한다'는 패턴 예측 모델을 작동시킨다. 즉 감정은 자극이 아니라 해석의 결과다. 릴스와 숏폼은 이 예측 모델을 끊임없이 훈련시킨다. 뇌는 짧은 시간 안에 감정의 패턴을 반복적으로 학습하고, 점점 더 빠르게 반응하도록 회로를 단축시킨다. 결국 감정은 사고보다 먼저 발생한다. 생각하기 전에 반응하는 인간, 이것이 기술이 설계한 감정 자동화의 완성형이다.

이를 끊으려면 속도의 역전이 필요하다. 감정을 즉시 표현하지 않고 잠시 보류하는 것, 이 '지연된 감정 처리'는 감정의 소유권을 되찾는 가장 간단한 방법이다. 지연은 억압이 아니라 해석의 시간이다. 감정이 폭발하기 전에 한 걸음 뒤로 물러서는 순간, 감정은 반응에서 의미로 전환된다. 그 차이가 사고를 만든다.

실제 사례를 보자. 2020년 코로나 초기, 전 세계 SNS에는 공포와 분노가 넘쳤다. 가짜뉴스와 자극적 이미지가 빠르게 확산되며 공공장소에서 마스크를 쓴 사람끼리 다투는 일이 빈번했다. 하버드대 연구팀은 그 시기 감정 데이터를 분석했는데, '공포' 관련 게시물이 '사실 확인 게시물'보다 평균 5배 이상 공유되었다. 이 현상은 인간이 논리보다 감정에 먼저 반응하기 때문이 아니라, 플랫폼이 감정의 전파 속도를 증폭시키는 구조이기 때문이다. 감정이 강할수록 반응률이 높고, 반응률이 높을수록 노출이 늘어난다. 이 구조 속에서 사람들은 사실보다 감정의 흐름을 따라가며 판단을 내린다. 결국 사회 전체가 정서적 자동화 장치로 움직인다.

이 감정 자동화를 끊기 위한 첫 걸음은 감정의 비용을 인식하는 것이다. 감정은 무료가 아니다. 하루에 소비하는 감정의 양은 집중력과 에너지, 판단력을 잠식한다. 분노를 유발하는 게시물 몇 개를 본 뒤 느껴지는 피로감은 단순한 기분이 아니라 실제로 신체 에너지의 과소비다. 코르티솔이 상승하고 전전두엽의 인지 기능이 떨어진다. 결국 하루의 남은 시간 동안 생각할 힘이 줄어든다. 감정을 절약해야 한다는 말은 감정이 나쁘다는 뜻이 아니라 감정이 유한한 자원이라는 자각을 의미한다.

감정의 주권을 되찾는 방법 중 하나는 감정을 기록의 형태로 다루는 것이다. 느낀 감정을 바로 반응하지 않고 메모장에 적는 행위. 아니면 그런 방식으로라도 생각을 한 번 끊고 가는 것이다. 이 단순한 동작은 감정과 행동 사이에 공간을 만든다. 공간이 생기면 통제 가능성의 틈이 생긴다. 감정의 기원을 탐색하는 문장 "나는 왜 지금 화가 났는가?" 이 질문을 반복할수록 감정의 자동화는 느려진다. 감정의 속도를 늦추는 것은 곧 사고의 속도를 회복하는 일이다.

우리 모두에게 유명한 영화 인사이드 아웃(2015)은 이를 직관적으로 보여준다. 기쁨, 슬픔, 분노, 두려움, 혐오라는 다섯 감정이 한 인간의 머릿속에서 통제권을 다투는 설정이다. 처음엔 기쁨이 모든 감정을 통제하려 하지만, 이내 슬픔이 있어야 기쁨이 진짜 의미를 갖는다는 사실을 깨닫는다. 이 구조는 감정의 자동화를 멈추는 핵심 원리와 같다. 모든 감정은 나름의 역할이 있다. 문제는 감정이 아니라 감정의 독점이다. 한 감정이 계속 반복되는 순간, 인간은 스스로의 내면 구조를 잃는다. 따라서 감정 자동화의 반대는 감정의 억압이 아니라 감정의 다양성 복원이다.

이러한 감정을 되찾는 일은 기술적이 아니라 철학적이다. 타인의 감정에 반응하기보다 자신의 감정을 사유하는 일이다. "내가 느낀 이 감정이 내 삶과 어떤 관계가 있는가?", "이 감정이 나를 확장시키는가, 축소시키는가?" 이 질문에 대답할 수 있을 때, 감정은 다시 내 것이 된다. 사회는 여전히 감정을 상품으로 포장하겠지만, 그 상품을 소비하지 않을 자유를 갖는 순간 사람은 NPC에서 벗어나 플레이어가 될 수 있다.

결국 감정 자동화로부터 탈출하는 것은 기술이 아니라 태도의 문제다. 감정에 휩쓸리지 않으려고 감정을 억제할 필요가 없다. 단지 감정이 자신을 움직이기 전에 한 번만 멈춰서 바라보면 된다. 그 3초의 지연이 감정의 소유권을 바꾼다. 릴스는 계속해서 감정을 던질 것이다. 하지만 감정을 선택할 권리는 여전히 개인에게 있다. 사람이 시스템의 감정에 반응하지 않을 때 비로소 그 시스템은 흔들린다. 감정의 속도를 늦추는 사람만이 자신의 인생을 다시 설계할 수 있다. 감정을 자동으로 느끼는 시대에 감정을 선택해서 느끼는 사람은 가장 희귀한 케이스가 될 수 있다. 그 희귀함이 곧 자유의 정의다. 감정의 주권은 인간이 가질 수 있는 마지막 개인 권리이며, 그 권리를 지키는 일이 NPC에서 벗어나는 첫 번째 훈련이다.

도파민 다이어트

릴스, 틱톡, 유튜브 쇼츠. 앞에서 쭉 다뤄온 이들은 정보가 아니라 자극의 공급망이다. 손가락을 한 번 튕길 때마다 새로운 영상이 나타나고, 뇌는 짧은 기대와 보상의 파동을 반복한다. 도파민은 본래 쾌락의 신호가 아니다. 그것은 기대의 신호다. '좋은 릴스'를 보기 전에 이미 분비된다. 기대가 쾌감보다 먼저 작동한다는 점이 중독의 본질이다. 뇌는 즐거움보다 '곧 즐거울 것이다'라는 예측에 더 강하게 반응한다. 그래서 영상이 끝나면 곧바로 다음을 찾는다. 만족은 짧고, 기대는 무한하다.

이 구조는 보상 예측 오류 reward prediction error 모델로 설명된다. 인간의 뇌는 예상보다 큰 보상을 받으면 도파민을 대량으로 분비하고, 예상이 빗나가면 분비량을 줄인다. 문제는 숏폼이 이 예측을 끊임없이 교란한다는 점이다. 어떤 영상이 재미있을지 알 수 없으니, 뇌는 매번 '다음 보상'을 기대하게 된다. 슬롯머신을 당길 때의 심리와 동일하다. 기대가 반복될수록 보상은 약해지고, 자극의 강도는 점점 커진다. 결국 쾌락의 기준선이 높아져 일상적 자극으로는 도파민이 거의 분비되지 않는다. 이를 쾌락 적응 hedonic adaptation 이라 한다. 평범한 풍경, 대화, 독서가 더 이상 즐겁지 않고 사라지는 이유가 여기에 있다.

2018년 케임브리지대 연구는 SNS 사용자에게서 이와 같은 '보상 민감도 저하'를 확인했다. 하루 평균 3시간 이상 SNS를 사용하는 집단은 전두엽의 활성도가 감소하고, 도파민 수용체 D2의 반응성이 낮아졌다. 쉽게 말해, 즐거움을 느끼기 위해 더 강한 자극이 필요해지는 것이다. 마치 소리를 점점 더 키워야 음악이 들리는 상태다. 그때부터 인간은 자극을 찾는 존재가 아니라 자극 없이는 기능하지 못하는 존재로 변한다.

이 시스템은 정교하게 설계되어 있다. 숏폼 플랫폼은 사용자가 멈추지 않도록 '랜덤 보상random reward' 구조를 탑재한다. 보상이 예측 불가능할수록 중독은 깊어진다. 이는 고전적 조건화 실험으로 입증된 원리다. 1950년대 행동심리학자 B.F.스키너는 쥐나 비둘기에게 일정한 간격이 아니라 불규칙한 간격으로 먹이를 주었을 때, 해당 실험 동물이 더 자주 버튼을 누른다는 사실을 발견했다. 버튼을 누르면 먹이가 나오는 장치였는데, 보상 간격이 일정하지 않을 경우, 언제 나올지 모르니 더 자주 행동한다는 패턴이 자연스레 갖춰진 것이다. 사람도 동일하다. "이번엔 더 재미있을지도 모른다"는 불확실성이 손가락을 멈추지 못하게 만든다.

문제는 이 중독이 단순히 '시간 낭비'의 문제가 아니라는 점이다. 도파민은 동기와 집중, 학습에도 관여한다. 보상 체계가 교란되면 의욕의 기준도 함께 무너진다. 실제로 2021년 코펜하겐대 연구에서는 스마트폰 사용 시간이 하루 4시간을 넘는 청년층에서 의사결정 피로decision fatigue 와 내재적 동기intrinsic motivation 저하가 동시에 나타났다. 학습, 운동, 인간관계 같은 느린 보상의 영역이 버겁게 느껴지는 것이다. 숏폼 자극에 익숙해진 뇌는 느린 과정에서 도파민을 충분히 분비하지 못한다. 그 결과 성취감보다 즉각적 만족을 우선하는 사고 패턴이 강화된다.

2018년에 개봉한 영화 레디 플레이어 원은 이런 현실의 은유다. 현실은 황폐하고, 사람들은 VR 속 가상 세계 '오아시스'에 몰입한다. 그곳에서는 모든 보상이 즉각적이다. 현실은 불편하고, 가상은 즉각적이다. 결국 사람들은 도파민이 높은 세계를 선택한다. 영화 속 오아시스는 상징이다. 오늘날 릴스나 숏폼, 푸시 알림은 모두 개인의 '오아시스'를 구축하고 있다. 차이는 단지 현실이 여전히 꺼지지 않았을 뿐이다.

도파민 다이어트란 이런 구조에서 벗어나려는 의식적 행위다. 이는 단순한 절제가 아니라 뇌의 균형을 회복하는 과정이다. 2022년 스탠퍼드 의대 연구팀은 디지털 미디어 사용을 2주간 중단한 참가자들에게서 전전두엽 피질의 회복을 확인했다. 집중력과 수면의 질이 개선되고, 낮은 자극에도 도파민 반응이 돌아왔다. 뇌는 회복력이 높다. 다만 전제는 '비움'이다. 자극의 밀도를 낮춰야 뇌가 다시 작은 보상을 감지할 수 있다.

도파민 다이어트는 다음 원칙 위에서 작동한다. 첫째, 예측 가능한 자극을 차단한다. 매일 같은 시간에 스마트폰을 멀리 두고, 자동으로 켜지는 알림을 제거하고 무시한다. 둘째, 즉각적 보상을 늦춘다. 일을 끝내고 보상을 받는 순서를 재조정한다. 예를 들어, SNS를 보기 전에 산책을 하거나, 운동 후 영상 시청을 제한된 시간 안에만 허용한다. 셋째, 무자극의 시간을 확보한다. 뇌는 아무 자극도 받지 않을 때 가장 강하게 재정비된다. 멍하니 있는 시간, 비어 있는 시간은 도파민 회복의 필수 구간이다.

중요한 것은 도파민을 줄이려는 노력이 아니라, 도파민을 느끼는 방식의 재훈련이다. 예를 들어 아침의 햇빛, 깊은 호흡, 낯선 거리의 냄새 같은 감각적 경험은 낮은 강도의 보상이지만, 반복될수록 뇌의 안정적 도파민 분비를 회복시킨다. UC버클리의 신경학자 안드류 휴버만 Andrew Huberman은 이를 "자연적 보상 시스템의 재구축"이라 불렀다. 그는 '의식적 관찰 Conscious Observation'을 하루 세 번만 수행해도 뇌의 도파민 회로가 재균형을 찾는다고 설명한다. 이는 간단히 말해 "의도적으로 아무 일도 하지 않는 시간"이다.

그러나 도파민 다이어트는 단순한 금욕이 아니다. 금욕은 대체 자극을 찾게 만들고, 그것조차 또 다른 중독이 된다. 진짜 변화는 기대의 구조를 수정하는 일이다. 더 큰 보상을 기다리는 대신, 작은 보상을 감지하는 감각을 훈련하는 것이다. 커피 한 모금의 향, 문장 하나의 의미, 대화 한 줄의 온도. 이런 미세한 자극을 다시 느끼는 능력은 자극의 총량을 줄이는 가장 근본적인 방법이다.

심리학자 켄트 베리지는 도파민을 "원함 wanting"과 "좋아함 liking"으로 구분했다. 중독은 원함이 좋아함을 압도하는 상태다. 숏폼 중독자는 영상을 원하지만 실제로 즐기지 않는다. 원함이 자동화되면 뇌는 쉬지 못하고, 쾌감은 사라진다. 도파민 다이어트는 이 균형을 되찾는 과정이다. "좋아함"을 회복하면, "원함"은 자연스럽게 줄어든다.

이 원리는 소비 전반에도 적용된다. 사람들은 '좋은 것'을 소유하면 행복해질 것이라 믿지만, 소유의 순간 도파민은 떨어진다. 하버드 경영대학원의 연구에 따르면, 고가 제품 구매 후 72시간이 지나면 도파민 분비가 초기의 40% 이하로 감소했다. 반면, 같은 금액을 경험(여행·배움·취미)에 쓴 사람들은 도파민 수치가 더 오랜 기간 유지되었다. 경험은 기억과 연결되기 때문이다. 기억은 도파민의 장기 저장소다. 이 데이터는 도파민 다이어트가 단순한 금욕이 아니라 '경험 중심 삶'으로의 전환임을 보여준다.

이제 문제는 사회다. 사회 전체가 도파민을 자본화한다. 앱은 알림으로, 광고는 시각적인 요소들로, 정치도 분노로 도파민을 유도한다. 감정이 과열될수록 클릭이 늘고, 클릭이 늘수록 경제는 돌아간다. 도파민은 단순한 뇌 화학물질이 아니라 경제 단위가 되었다. 우리는 이미 '도파민 자본주의' 속에 살고 있다. 따라서 개인의 도파민 다이어트는 단순한 자기관리나 웰빙의 문제가 아니라, 자본 구조에 대한 저항 행위로도 읽을 수 있다.

영화 월-E(2008)에서 인간은 모든 노동을 로봇에게 맡기고, 부유한 우주선 안에서 화면만 바라본다. 그들은 건강을 잃었지만, 호기심도 잃었다. 이 장면은 도파민 과잉 사회의 종착지다. 보상이 너무 쉬워지면 도전은 사라지고, 도전이 사라지면 존재감도 희미해진다. 인간은 원래 불편함 속에서 의미를 찾는 존재다. 도파민 다이어트는 불편함을 회복하는 일이다.

그러니 하루 30분의 공백 시간을 두어라. 핸드폰을 멀리하고, 아무것도 하지 말고 앉아 있는 시간이다. 처음에는 초조하다. 하지만 그 초조함이 뇌의 재조정 신호다. 도파민 시스템이 천천히 평형을 되찾고 있다는 증거다. 그 시간을 견디면, 뇌는 다시 현실의 작은 자극을 감지하기 시작한다.

결국 도파민 다이어트는 쾌락을 포기하자는 말이 아니다. 쾌락을 되찾자는 말이다. 자극에 의해 설계된 쾌락이 아니라, 스스로 발견한 쾌락. 그 차이가 인간의 자율성을 만든다. 도파민은 사라지지 않는다. 다만 방향을 선택할 수 있다. 어떤 도파민이 나를 지배하고, 어떤 도파민이 나를 회복시키는가. 이 구분이 가능해질 때, 사람은 다시 자신을 통제한다.

좋은 자극도 반복되면 독이 된다. 기분 좋은 릴스도, 유익한 영상도, 과잉되면 뇌를 피로하게 만든다. 도파민 다이어트는 세상을 거부하는 방식이 아니라, 세상과의 거리를 재설정하는 기술이다. 한 걸음 떨어져서 볼 수 있을 때, 비로소 현실이 다시 선명해진다. 중독의 반대는 절제가 아니라 인식이다. 자신이 언제, 무엇에, 왜 즐거움을 느끼는지를 아는 사람이 되는 것이, 실은 NPC에서 벗어나는 방법과도 같은 길이다.

기억의 원본 되찾기

사람들은 더 이상 기억하지 않는다. 저장한다. 스마트폰의 카메라는 일상의 거의 모든 순간을 기록한다. 식사, 여행, 대화, 거리의 풍경까지 사진으로 남긴다. 그러나 기억과 저장은 다르다. 기억은 재구성이고, 저장은 복제다. 기억은 흐릿해질수록 의미를 만든다. 저장은 선명할수록 생각을 멈춘다. 사람들은 "잊지 않기 위해 찍는다"고 말하지만, 사실은 "다시 떠올리지 않기 위해 찍는다." 사진이 있으니 굳이 머리를 쓰지 않아도 된다. 그 순간부터 앞에서 반복했던 것처럼 기억은 외주화된다.

현대인은 과거를 꺼낼 때 머릿속을 뒤지지 않는다. 갤러리를 열고, 하이라이트를 누르고, 이미지를 검색한다. 기억을 저장 장치에 맡긴 결과, 인간의 뇌는 '떠올리는 능력'보다 '찾아보는 능력'에 적응했다. 뉴욕대 인지신경학 연구소의 2019년 실험은 이 현상을 '디지털 암기 효과digital amnesia'라고 정의했다. 스마트폰에 사진을 찍은 그룹과 그렇지 않은 그룹에게 같은 장면을 보여준 뒤 기억 정확도를 비교하자, 사진을 찍은 그룹은 시각적 세부를 30% 이상 덜 기억했다. 이유는 간단하다. 뇌가 "이건 저장돼 있다"고 판단하면, 더 이상 깊게 부호화하지 않는다.

문제는 단순한 기억력의 저하가 아니다. 기억의 질감이 사라진다. 사진은 색과 형태를 보존하지만, 감정과 맥락을 지우는 경향이 있다. 과거의 여행 사진을 다시 볼 때, 그 순간의 냄새나 온도, 주변 소리는 거의 떠오르지 않는다. 인간의 기억은 원래 불완전한 복합체다. 시각뿐 아니라 청각, 후각, 체감, 감정이 한 덩어리로 엮여 있다. 그 복합성이 인간의 사고를 확장시킨다. 그런데 디지털 기록은 그중 시각만 남기고 나머지를 삭제한다. 시각은 감각 중 가장 지배적이지만 동시에 가장 표면적이다. 나머지 감각이 사라진 자리에 의미의 층위도 함께 줄어든다.

이 현상은 SNS 하이라이트 기능에서 가장 명확하게 드러난다. 사람들은 자신이 살아온 시간을 편집된 짧은 클립으로 정리한다. 그러나 이 하이라이트는 '기억의 파편'이 아니라 기억의 대체물이다. 본질은 경험의 단순화다. 하이라이트로 정리된 삶은 통제감과 완결감을 준다. 하지만 그것은 편집된 완결일 뿐, 실제 삶은 여전히 미완성이다. 이런 기록에 익숙해질수록 사람들은 과거를 "찾아보는 콘텐츠"로 대한다. 경험은 다시 살아나는 것이 아니라 재생되는 것이다.

기억의 외주화는 신경학적으로도 확인된다. MIT 브레인앤코그니션 연구소의 2020년 논문은 스마트폰 사진 습관이 해마 hippocampus의 활성도를 낮춘다는 결과를 제시했다. 해마는 기억의 핵심 영역으로, 경험을 장기기억으로 전환하는 역할을 한다. 사진으로 기록한 사람들의 해마 활성은 직접 관찰한 사람보다 20~25% 낮았다. 해마가 덜 작동한다는 것은 단순히 '기억을 못한다'가 아니라 '의미를 만들지 않는다'는 뜻이다. 인간은 경험을 해석할 때 기억을 재구성한다. 그 재구성 과정이 감정과 통찰을 낳는다. 그러나 디지털 기록은 경험의 재해석을 차단한다.

이 변화는 사고 방식까지 바꾼다. 기억이 자동 저장되는 환경에서는, 사람들은 떠올릴 이유를 상실한다. 과거를 복기하지 않으면 패턴을 찾지 못하고, 패턴이 없으면 성찰도 없다. 실제로 스탠퍼드대 심리학과의 장기 연구(2022)는 디지털 저장 습관이 높은 사람일수록 자기서사적 사고 self-narrative thinking가 약화된다고 보고했다. 자신이 살아온 사건들을 하나의 이야기로 연결하는 능력이 떨어지는 것이다. 즉, 인생은 존재하지만 '이야기'는 사라진다. 이야기가 사라진 인간은 방향성을 잃는다. 기억이 있어야 계획이 생기고, 계획이 있어야 선택이 가능하다. 기억의 부재는 곧 주체성의 부재로 이어진다.

이런 맥락에서 "기억의 원본을 되찾는다"는 것은 단순히 기억력을 키우자는 말이 아니다. 기억의 주도권을 다시 가지는 일이다. 기억의 외주화를 멈추고, 다시 몸과 감각을 통해 시간을 저장하는 습관을 회복해야 한다. 현실을 느끼는 감각이 약해질수록 사람은 현재를 잃는다. 현재를 잃으면, 과거도 미래도 단절된다.

감각을 복원하려면 훈련이 필요하다. 첫째, 기록보다 관찰을 우선한다. 여행지에서 사진을 찍기 전에 30초만 눈을 감고 바람의 방향, 냄새, 소리, 질감을 느껴본다. 이런 감각적 관찰은 해마와 전전두엽을 동시에 활성화한다. 실제로 브리티시컬럼비아대 연구팀은 '의식적 감각기억 훈련'을 3주 동안 실시한 피험자들이 사진 기록자보다 감정 회상 능력이 높았다고 보고했다. 감정을 '저장'하는 것이 아니라 '각인'하는 행위다.

둘째, 기억을 떠올리는 시간을 일정하게 둔다. 하루 중 10분만이라도 특정 날을 회상하는 습관을 만들면, 뇌는 '회상 루프 retrieval loop'를 강화한다. 이 루프는 장기 기억의 핵심이다. 떠올리기 훈련이 반복될수록 기억의 선명도가 올라가고, 감정의 통합이 쉬워진다. 떠올린 기억을 글로 쓰거나, 말로 정리하면 효과가 더 커진다.

셋째, 사진을 사용하되 의존하지 않는다. 사진을 찍은 뒤 바로 보지 말고, 하루 뒤 혹은 일주일 뒤에 본다. 이 간격이 '기억의 복원력'을 유지한다. 뇌는 시간이 지난 뒤 다시 자극을 접할 때, 기존 기억과 새 자극을 비교해 차이를 학습한다. 이를 지연된 강화 delayed reinforcement 라고 한다. 즉시 보는 사진은 단순한 복제지만, 시간이 지난 후 보는 사진은 재구성이다.

넷째, SNS 하이라이트를 감상용이 아니라 기록용으로만 사용한다. 타인의 시선을 전제로 편집하는 순간, 기억은 '보여주기용

서사로 바뀐다. 보여주기 서사는 진정한 회상을 방해한다. 하이라이트는 일기를 대체할 수 없다. 일기는 정리된 문장보다 흔들리는 문장이 낫다.

기억의 복원은 단순한 심리 훈련이 아니라 정체성의 복구 과정이다. 뇌는 자신이 경험한 세계를 바탕으로 '나'를 구성한다. 기억이 외부 서버에 저장되면, '나'라는 구조도 외부 의존적이 된다. 이는 디지털 기술의 편리함이 가져온 가장 근본적인 아이러니다. 기술은 편리함을 주지만, 동시에 인간의 내부 구조를 비워간다.

이 변화는 이미 문화적으로 감지되고 있다. 일본의 저예산 좀비 영화 '카메라를 멈추면 안 돼!(2017)' 는 기억과 기록의 차이를 역설적으로 드러낸다. 영화 속 인물들은 촬영에 몰입하며 현실을 잃는다. 마지막 장면에서 그들은 비로소 "찍히지 않은 기억"의 가치를 깨닫는다. 진짜 감동은 기록되지 않은 순간에서만 발생한다. 인간의 감정은 관찰될 때 달라진다. SNS 시대의 인간은 끊임없이 '기록되는 인간'이다. 기록되는 인간은 연기자가 된다. 기억의 원본을 되찾는다는 것은 연기를 멈추고, 관찰자로 돌아오는 일이다.

뇌과학적으로 보면, 기억은 단순 저장이 아니라 '통합과정integration process'이다. 새로운 자극을 과거 경험과 비교하며 의미를 만든다. 사진과 영상은 그 과정을 생략한다. 이미 완성된 이미지가 있으니, 뇌는 통합할 이유를 잃는다. 뇌의 효율성은 올라가지만, 창의력은 떨어진다. 뇌는 불편할 때 성장한다. 떠올릴 때마다 약간씩 다른 이미지를 조합하는 과정이 사고의 확장이다. 완벽한 이미지가 존재하면 상상력은 멈춘다.

기억의 원본을 되찾으려면 '불완전한 기억'을 두려워하지 않아야 한다. 인간의 기억은 원래 왜곡된다. 하지만 그 왜곡 속에서 감정이 숙성된다. 과거의 사건이 오늘 다르게 느껴지는 이유는 그만큼 인간이 성장했기 때문이다. 완벽히 보존된 사진은 변하지 않는다. 변하지 않는 기록은 성장의 증거가 아니다. 불완전함은 인간적인 시간의 표식이다.

결국 기억의 원본을 되찾는다는 것은 '기억을 저장하지 말라'는 뜻이 아니다. 기억을 직접 다루라는 뜻이다. 사진을 찍을 수 있다. 하지만 찍기 전에 느끼고, 보고 난 뒤에 떠올려야 한다. SNS에 올려도 된다. 그러나 그것을 보며 '이건 내 기억의 전체가 아니다'라는 인식을 잃지 말아야 한다. 기억의 주인은 저장 장치가 아니라 경험자다.

현실을 느끼며 사는 사람은 느리다. 그러나 그 느림 속에서만 감정이 완성된다. 인스타그램 같은 SNS의 '하이라이트' 기능이 보여주는 인생은 언제나 정말 말그대로 하이라이트지만, 진짜 인생은 편집되지 않은 장면의 연속이다. 사람은 본능적으로 의미를 찾는 존재다. 의미는 복잡성과 함께 온다. 복잡성을 감당하지 않으면 인생은 단순해지고, 단순한 인생은 쉽게 조작된다. 기억의 원본을 되찾는 일은, 결국 삶의 해석권을 되찾는 일이다.

기억을 외주화하지 말라. 사진은 도구일 뿐, 기록은 증거일 뿐이다. 진짜 기억은 여전히 당신의 뇌 안에 있다. 떠올리면 돌아온다. 그 과정을 반복하는 사람이야말로 시간을 소유한다. 기억의 주권을 되찾은 사람은 더 이상 알고리즘의 연대기 속에 살지 않는다. 그는 자신의 시간 위에서 산다.

캡처 기억법 버리기

그리고 사진 촬영과 더불어 기억을 외주화시킨 범인이 하나 더 있다. 바로 '캡처' 기능. 현대인의 기억은 눈보다 손가락이 먼저 저장한다. 본다는 행위가 끝나기도 전에 셔터음이 울리던 것처럼, 생각이 생기기도 전에 캡처 버튼이 눌린다. 사람들은 이제 기억하지 않는다. 저장한다. 저장은 이해의 대체물이 되고, 이해는 점점 귀찮은 절차가 된다. 한때 사진은 '기억을 돕는 장치'였지만, 지금의 사진은 '기억을 막는 장치'가 되었다. 눈은 본 것을 버티지 못하고 '스크린샷' 당한다.

캡처는 이러한 경향의 최종 형태다. 사진이 현실의 풍경을 복제한다면, 캡처는 사고의 풍경을 복제한다. 화면 속 텍스트, 말, 생각, 구조까지 이미지로 저장한다. 그것은 문장의 해체다. 읽는 대신 저장하고, 해석하는 대신 모아둔다. 사람들은 이제 생각을 남기지 않는다. 캡처를 남긴다. 그러나 캡처는 이해의 중단 지점이다. 생각이 막힐 때 눌리는 일종의 중지 버튼이다. '나중에 보자'라는 말은 곧 "지금은 생각하지 않겠다"는 뜻이다. 그리고 '나중'은 거의 오지 않는다.

캡처는 사고를 외부로 분산시킨다. 이미지는 저장되지만 맥락은 사라진다. 링크, 문장, 그래프가 쌓일수록 사람은 안다고 착각한다. 그러나 캡처는 '자료'이지 '기억'이 아니다. 저장이 많아질수록 기억은 가벼워지지 않고 무거워진다. 파일이 늘어날수록 뇌는 점점 덜 쓰이고, 덜 쓰인 뇌는 점점 덜 느낀다. 사진과 캡처는 결국 감각의 마비 장치다. 감동도, 분노도, 판단도 이미지의 프레임 안에 묶인다.

이제 사람들은 기록을 남기며 동시에 현장을 지운다. 콘서트에서 휴대폰을 들고 촬영하는 군중은 그 순간을 '경험'하지 않는다. 어떤 인터뷰나 영상에서 인사이트를 얻어도 메모 대신에 그 인사이트 요약을 캡처해두곤 한다. 그들은 보고 이해하는 과정 대신 그저 저장한다. 그러곤 스스로 '깨우쳤다'고 느낀다. 보는 행위가 아니라 '저장하는 행위'가 이 모든 과정을 대체한다. 손이 든 화면은 즉시 과거가 되고, 뇌는 '봤다'고 착각하지만 사실 '찍었다'는 사실만 남는다. 장면은 남지만, 맥락은 죽는다.

사진과 캡처의 공통점은 즉시성이다. 둘 다 사고의 속도를 따라잡는다. 그러나 사고가 정지될 만큼 빠른 기록은 기억을 남기지 않는다. 생각이 익기 전에 저장하면, 그 정보는 무의미한 데이터가 된다. 뇌는 스스로 정리할 시간을 잃고, 정리되지 않은 정보는 감정만 남긴다. 그래서 우리는 감정의 타이밍은 기억하지만 이유는 기억하지 못한다. 사진은 감정의 증거만을 남기고, 캡처는 감정의 잔향만 남긴다.

문제는 이 축적이 판단을 왜곡한다는 점이다. 수천 장의 스크린샷 속에는 "이해할 준비가 되지 않은 문장"이 섞여 있다. 그 문장들은 다시 이해된 것처럼 피드에 공유되고, 인용되고, 축약된다. 그렇게 '다시 본다'는 명분으로 재순환된다. 하지만 그 재순환은 사유의 반복이 아니라 반응의 복제다. 사유의 깊이는 얕아지고, 반응의 속도만 빨라진다.

기억을 되찾으려면 캡처 대신 문장을 남겨야 한다. 문장은 느리다. 느림은 불편하다. 그러나 불편함은 이해의 시작이다. 한 문단을 읽고 네 줄의 설명과 주석을 다는 행위는 보다 느리지만, 뇌는 그 시간 동안 맥락을 다시 짠다. 캡처가 순간을 붙잡는다면, 문장은 이유를 붙잡는다. 이유를 붙잡는 사람이 성장할 수밖에 없다.

사진은 현실을 얇게 만들었고, 캡처는 생각을 얇게 만들었다. 이제 사람들은 자신의 기억이 아니라, 알고리즘이 보여주는 타임라인을 기억한다. 기억이 타인의 서버에 저장될 때, 사고의 주권도 함께 넘어간다. 손끝이 기록을 장악하는 동안, 머리는 점점 덜 일한다.

사진과 캡처는 인간을 방관자로 만든다. 바라보는 존재이자 소비하는 존재. 그러나 기억은 원래 참여의 기술이다. 본 것을 되새기고, 되새긴 것을 해석하고, 해석한 것을 남길 때만 사람은 자기 시간을 갖는다. 이 과정을 되찾는 일은 기술의 문제가 아니라 존재의 문제다. 그러니 오늘부터는 버튼을 늦게 눌러야 한다. 캡처 대신 문장을, 촬영 대신 관찰을 남겨라. 기억은 이미지의 축적이 아니라 맥락의 재구성이다. 맥락이 남을 때, 당신이 다시 주인이 된다.

분노라는 예산

 분노는 사회가 망가졌다는 증거이자, 여전히 반응할 수 있다는 증거다. 하지만 문제는 분노 자체가 아니라 방향 없는 분노다. 뇌과학적으로 분노는 편도체가 위협을 감지할 때 분비하는 즉각 반응이다. 이 신호는 원래 도피나 저항을 위한 생존 에너지였다. 그러나 지금의 환경에서는 이 에너지가 화면과 알고리즘 속에 갇혀 반복된다. 자극-분노-공유의 패턴이 반복되며, 실제 위협 대신 가상의 논쟁이 그 회로를 점유한다.

인지신경과학자 리사 펠드먼 배럿Lisa Feldman Barrett은 "감정은 뇌의 예측모델"이라고 말한다. 즉, 분노는 '위험이 있다'는 예측이다. 문제는 지금의 미디어 환경이 위협을 끊임없이 시뮬레이션한다는 점이다. AI 추천 알고리즘은 "당신이 불편해한 장면"을 기억했다가 비슷한 자극을 다시 띄운다. 그 결과, 우리는 실제로 위험에 노출되지 않아도 지속적 경계 상태에 머문다. 신경생리학적으로 이때 교감신경이 과도하게 활성화되어, 심박수·혈압·코르티솔이 상승하고 판단력은 저하된다. 결국 분노는 행동 에너지가 아니라 피로로 남는다.

이 악순환을 끊는 첫 단계는 인지적 재평가cognitive reappraisal다. 이는 감정조절 이론에서 가장 검증된 전략이다. 하버드대 제임스 그로스James Gross의 연구에 따르면, 감정의 방향을 억누르는 것보다 해석을 바꾸는 것이 스트레스 지수를 30~40% 줄인다. 예컨대 "이 사람 때문에 화가 난다"가 아니라 "이 문제의 구조가 왜 이렇게 설계되었을까"로 질문을 전환하는 순간, 편도체 활동이 줄고 전전두엽이 활성화된다. 즉, 분노가 사고로 전환되는 것이다.

NPC적 분노는 '누가 잘못했는가'에 머무르고, 플레이어적 분노는 '무엇이 이렇게 만들었는가'로 옮겨 간다. 전자는 감정의 발화이고, 후자는 구조의 탐사다. 연구에 따르면 분노를 문제 해결형 사고로 전환한 집단은 동일한 자극에 노출돼도 스트레스 호르몬 분비가 25% 낮았고, 이후 행동의 지속 시간은 두 배 이상 길었다. 즉, 분노를 '사유의 연료'로 쓴 사람은 덜 지치고 오래 버틴다.

두 번째 단계는 행동 단위의 축소다. 분노가 폭발할 때 뇌는 "모든 게 잘못됐다"는 인지 왜곡을 일으킨다. 이때 가장 효과적인 전략은 '행동 가능 단위로 분할하기'다. 스탠퍼드 행동디자인연구소의 B.J. 포그는 "감정이 크면 행동은 작아져야 한다"고 말했다. 거대한 부조리에 대한 분노일수록, 구체적 행동은 작게 쪼개야 실제 전환이 일어난다. 예컨대 "이 사회가 부당하다"에서 멈추지 말고 "이 구조를 설명한 논문을 찾아본다", "관련 제도 하나를 비교한다"로 쪼개는 것이다. 감정의 크기와 행동의 크기를 반비례로 설계해야 분노가 루프로 빠지지 않는다.

세 번째는 신체적 변환이다. 신경심리학적으로 분노는 '움직이지 못하는 에너지'일 때 고통이 된다. 운동·호흡·글쓰기 같은 물리적 행동은 편도체의 과잉흥분을 낮추는 가장 직접적인 방법이다. 특히 운동은 도파민과 세로토닌 균형을 회복시켜, 분노로 인한 피로와 무기력을 완화한다. 감정이 폭발할 때 즉시 10분 걷는 것만으로도 전두엽 혈류가 증가하고 인지 통제가 회복된다는 연구가 있다. 움직임이 없는 분노는 독이 되고, 움직임이 있는 분노는 설계가 된다.

네 번째는 사회적 전환이다. 분노의 공유는 본능이지만, 뇌는 감정을 언어화할 때 진정된다. '정서적 라벨링 emotional labeling' 연구에 따르면, 자신의 감정을 문장으로 표현하는 것만으로 편도체 활동이 감소한다. 즉, 트윗이나 업로드가 아니라 기록이어야 한다. SNS 공유는 감정의 순환이고, 기록은 감정의 구조화다. 전자는 전염을 낳고, 후자는 설계를 낳는다. "내가 왜 이 장면에 화가 났는가", "이 감정이 겨냥하는 진짜 문제는 무엇인가"를 글로 적는 습관이 분노의 자가 치유다.

마지막은 분노의 재투자다. 분노는 근본적으로 에너지다. 억제하면 폭발하고, 방향을 주면 추진력이 된다. 사회심리학자 캐롤 타브리스 Carol Tavris 는 "분노는 신호이자 자원"이라고 말한다. 다만 그 자원이 '도덕적 우월감'으로 쓰이면 중독이 되고, '제도적 개선'으로 쓰이면 동력이 된다. 플레이어들의 분노는 개인의 승리보다 시스템 개선으로 향한다. "누가 이겼는가" 대신 "무엇이 바뀌었는가"를 묻는 사회는 오래간다.

결국 분노는 버려야 할 감정이 아니라, 다뤄야 할 기술이다. 냉소는 감정의 사망이고, 분노는 아직 살아 있다는 신호다. 다만 방향을 설계하지 않으면 이 에너지는 화면 속 NPC처럼 순환한다. 분노를 저장하지 말고 변환하라. 그것이 감정의 해방이자, 사고의 재가동이다.

NPC 탈출하기

NPC에서 벗어나는 일은 어렵다. 이유는 단순하다. 벗어나는 순간에도 우리는 여전히 누군가가 설계한 언어와 구조 속에서 생각하기 때문이다. "벗어나야 한다"는 문장조차 또 하나의 규칙이 되고, 그 규칙을 따르는 동안 우리는 다시 지금껏 해왔던 순환과 아주 살짝 다른 순환에 또 갇힌다. 이 역설 때문에 진짜 자율은 매뉴얼의 형태로 존재할 수 없다. 감정의 자동화에서 빠져나오려는 사람, 도파민의 회로를 끊으려는 사람, 기억을 되찾으려는 사람, 주의를 되찾으려는 사람, 모두 결국 하나의 질문 앞에 선다. 지금의 나는 선택하고 있는가, 아니면 단지 선택된 결과를 수행하고 있는가. 이 구분이 가능해질 때 비로소 생각은 시스템의 일부가 아니라 시스템을 바라보는 눈으로 올라선다.

인간의 사고는 끊임없이 편리함을 추구한다. 하지만 편리함은 늘 대가를 요구한다. 대가는 시간과 주의, 그리고 자기 자신에 대한 거리감이다. 사회는 빠른 결론을 좋아한다. "좋아요"는 판단의 대체재가 되고, "요약"은 경험의 대체재가 된다. 그러나 그 속도 속에서 우리는 점점 스스로의 언어를 잃는다. 언어를 잃은 인간은 생각하지 못한다. 생각하지 못하는 인간은 자동 모드로 살게 된다. 자동적으로 사는 인간은 예측 가능하다. 예측 가능한 인간은 통제하기 쉽다. 통제하기 쉬운 집단은 언제나 가장 잘 돌아가는 시스템이다. 시스템은 그 완벽함으로 사람을 마비시킨다. 그 안에서 진짜 탈출은 '속도'를 거부하는 것, 그리고 '불편함'을 감수하는 것이다.

철학자 한나 아렌트는 악을 설명하며 "사유하지 않음의 평범함"을 말했다. 오늘의 자동화는 바로 그 평범함의 기술적 버전이다. 생각 대신 반응하고, 이해 대신 공유하며, 판단 대신 감정을 수입한다. 그 결과 사람들은 더 많은 데이터를 보고도 더 적게 이해한다. 이 악순환을 끊는 방법은 단순하다. 매일 아주 잠깐이라도 스스로의 문장을 써보는 일이다. 그 문장이 완벽하지 않아도 된다. 누군가의 이론을 인용하지 않아도 된다. 단 한 문장이라도 스스로의 어조로, 스스로의 어휘로, 스스로의 맥락을 남기는 것이 중요하다. 그 문장 하나가 타인의 알고리즘이 아닌 자기 사고의 단서가 된다.

NPC처럼 보이는 사람은 생각이 없는 사람이 아니다. 다만 생각의 방향을 바꾸는 힘을 잃은 사람이다. 그들은 세상이 정한 박자에 맞춰 움직이지만, 왜 그 박자인지를 묻지 않는다. 반대라고 할 수 있는 "플레이어"는 완전히 자유로운 존재가 아니다. 그 또한 불확실성과 혼돈 속에 산다. 다만 한 가지 차이가 있다. 자신의 혼란을 의식한다. 이것이 인간이 가질 수 있는 유일한 주권이다. 확신 대신 의심을, 안정 대신 관찰을 택하는 태도. 그 태도가 우리를 다시 인간으로 만든다.

결국 NPC에서 벗어난다는 것은 세상의 속도에서 벗어난다는 뜻이 아니다. 오히려 그 속도를 인식한 채로 자기 리듬을 세우는 일이다. 감정이 휘두를 때, 자극이 몰려올 때, 우리는 잠시 그 리듬을 의심해야 한다. 이건 내가 느끼는 분노인가, 아니면 설계된 분노인가. 이건 내가 선택한 루틴인가, 아니면 추천된 루틴인가. 이건 내가 찍은 사진인가, 아니면 누군가가 찍으라고 한 순간인가. 이 질문을 버리지 않는 한 완전한 자동은 불가능하다. 시스템은 여전히 존재하겠지만, 적어도 당신은 그 안에서 '다르게 움직이는 점'으로 남을 수 있다.

NPC에서 벗어나려는 일은 완결형 목표가 아니다. 그것은 평생의 반복이다. 세상이 던지는 언어와 감정, 구조와 루틴 속에서, 스스로를 다시 빗겨 세우는 끊임없는 조정이다. 오늘의 결심이 내일의 자동으로 변하지 않도록, 매일 다른 각도로 질문을 갱신하는 일이다. 완벽한 자율은 존재하지 않는다. 그러나 사유의 흔적은 남는다. 그 흔적이 많아질수록 사회의 루프는 느려진다. 루프가 느려지면 틈이 생긴다. 그 틈에서 새로운 언어가 태어난다.

그래서 진짜 탈출은 지도 위에 없다. 오직 고민의 지속 속에만 있다. 내가 세상이 원하는 것을 하고 있는지, 아니면 진짜 내가 원하는 것을 하고 있는지, 그 질문 하나를 매일 새롭게 던지는 것. 그게 이 세상에서 인간으로 남는 유일한 방식이다.

NPC의 일기

솔직히 고백하자면 나는 누구보다도 NPC였다. 어려서부터 규칙을 엄격하게 지키는 생활이 잘 맞았고, 짜여진 큰 틀 바깥으로 나가지 않는 것이 나의 장점이었다. 어른들은 '조용한 아이'라며 나를 좋아했고, 선생들도, 군에서 선임들도, 사회에서도 모두가 나를 크게 모나지 않은 사람으로 반기고, 선호했다.

진로를 고민할 때에도 마찬가지였다. 꿈이니 목표니 거창한 말들이 많았지만 결국엔 현실이 가장 중요한 조건이 되어버렸다.

나는 한평생 겉으론 조용하지만, 속으론 야망이 몹시 큰 사람이기 때문에 언제까지고 꿈을 포기하지 않고 계속해서 달려갈 것이라는 믿음이 굳게 있었었는데, 결국 나이가 들어갈수록 깨닫게 된, 진정 중요한 것은, 역시 돈이었다. 꿈이니 목표니 이런 것들은 마음의 위안만 주는 것 같았고, 돈은 확실하게 현재의 위안을 줬다.

그래서 여전히 내가 잘하는 일, 매뉴얼을 따르고 매뉴얼을 활용하고, 매뉴얼로 상대하는 일을 맡아서 했다. 업무의 처음부터 끝까지 단계가 있었고, 작은 대화에도 일종의 경로가 있었다. 크게 생각을 하고 업무를 이어가는 것이 아니라, 그저 내가 알고 있는 루트에 맞춰서 다음으로 유도를 하는 것에 가까운 생활을 시작하게 된 것이다. 그리고, 이러한 생활이 수 년 동안 반복되니까 그제야 깨달았다. 이게 일종의 "사회와 시스템의 부품"이 되어버린 것이구나. 사실상 시스템의 일부이자 그 자체가 된 순간부터는 매뉴얼에 벗어나는 방법 조차 잊고 살아가게 되었다.

봉준호 감독의 〈설국열차〉에는 짧지만 이상하게 오랜 시간이 지나도 기억에 남는 장면이 있다. 기차의 엔진을 유지하기 위해, 아이들이 부품처럼 바닥 아래에 들어가 손으로 기계를 돌리는 장면. 어릴 때 처음 봤을 땐 그저 시각적으로 충격적인 설정 정도로 넘겼다. 아무런 감정이나 큰 의문 없이 넘겼던 그 장면이, 왜 이 나이를 먹고 갑작스럽게 떠오르는지. 이제는 그 장면이 단순한 은유가 아니었다는 걸 깨닫는다. 아이들은 시스템의 한 부속품이 아니라, 시스템 그 자체의 연료였다. 그들이 돌려야만 열차가 굴러가고, 열차가 멈추면 사람들은 죽는다. 인간이 구조의 일부로 환원되는 세계, 그것이 설국열차의 진짜 공포였다. 그리고 나는 문득 그 장면 속에서 나를 보았다. 사회의 바닥 어딘가에서 시스템이 멈추지 않도록 열심히 굴러가고 있는 부품. 기능은 존재하지만 개인의 정체성은 필요 없는 존재. 그게 지금의 나였다.

현대 사회는 효율의 이름으로 인간을 기계화한다. 산업 구조는 반복과 대체 가능성을 전제로 설계된다. 한 사람이 빠져도 시스템은 그대로 돌아가야 한다. 사실상 전체적인 관점에서 보면 그게 맞을지도 모른다. 한두 사람의 단어 그대로의 '일탈'에 의해 무너지는 사회가 있다면 오히려 그것이 비정상일지도 모른다. 하지만, 시스템의 안정을 위해 어느 정도 체계가 굳어진 사회에서는 오히려 그런 또다른 방향성 역시 건강하게 작용할 수 있다. 하지만 여전히 체계는 우리를 시스템에 맞춰서 적응시키기 위해 구조를 만든다. 학교는 규칙을, 조직은 매뉴얼을 계속해서 주입한다.

질문보다 절차 수행을 훈련하고, 창의성보다 일관성을 중시하며, 참여보다 순응하는 삶에 적응되도록 만든다. 어떤 방향으로 가든, 그것이 일반적인 체계를 따라가냐 아니냐의 문제와 상관 없이, 어느 대학을 가던지, 자영업을 하던 직장생활을 하는지와는 상관 없이, 그저 '사회화'라는 이름으로 우리를 체계에 맞게 최적화한다.

그러던 중 SNS를 위시한 인터넷 기술, 미디어와 데이터의 발전으로 효율이 미덕으로 자리 잡은 순간부터 인간은 이제 데이터나 마찬가지가 되었다. '성과', '트래픽', '조회수' 같은 단어들로 사람들은 수치화되고 있다. 인간은 점차 기능적 존재로 바뀌고, 기능적 존재는 곧 이런 체계에 의해 짜여진 존재, 즉 'NPC'가 된다.

NPC는 원래 게임 용어였다. Non-Player Character, 즉 플레이어가 아닌 등장인물. 정해진 대사만 반복하고, 정해진 루트를 따라 움직인다. 그런데 이 단어가 최근 몇 년 사이 현실의 인간을 묘사하는 데 쓰이기 시작했다. 이유는 단순하다. 사람들이 더 이상 스스로 사고하지 않기 때문이다. 알고리즘이 던져주는 정보에 반응하고, 트렌드가 제시하는 문제나 감정에 동조하며, 그저 루틴을 반복한다. 하루의 시작과 끝을 스마트폰이 규정한다. 무엇을 보고, 무엇에 분노하며, 무엇을 사야 하는지 이미 결정돼 있다. 인간은 플레이어가 아니라, 게임이, 정확히는 게임을 설계한 사람들이 정한 대사만 말하는 존재로 퇴화했다.

나는 어느 순간 이 사실을 인지했다. 시스템은 내가 만든 것이 아니지만, 내가 시스템을 유지시킨다는 사실을. 내가 생산하고 소비하는 모든 행위가 구조의 연료가 되고 있었다. 거기까진 괜찮다. 다만 그것이 내 삶을 규정하는 전체이자, 내 삶의 목적이 되어서는 안된다는 생각이었다. 흔히들 말하는 '사회에 기여한 공로'라고 하는데, 이제는 그 말이 '체계를 유지하는데 기여한 공로'라는 말로 들린다. 물론 우리 모두가 살아가는 체계를 유지하고, 더 나은 곳으로 바꾸는 것은 좋고 중요한 일이지만, 내 삶을 길게, 멀리 봤을 때 그저 체계의 일회성 소모품이 되어서야 되겠는가?

이런 현실이다 보니, 오히려 'NPC'라는 단어는 단순한 조롱이 아니라 구조를 날카롭게 바라본 묘사일지도 모른다. 우리는 자발적 NPC다. 누구도 강제로 시키지 않았지만, 모두가 같은 생각과 같은 말을 약간 다르게만 반복한다. 그리고, 그것이 자신의 생각이라 믿는다. 사회의 큰 그림, 체계적인 알고리즘은 이렇게 완성된다. 인간이 스스로 반복을 즐기고, 반복을 정체성으로 착각할 때, 시스템은 가장 안정적으로 작동한다.

물론 문제는 이 상태가 불편하지 않다는 데 있다. 오히려 편안하다. 생각하지 않아도 된다. 결정하지 않아도 된다. 오류가 줄고, 위험이 사라진다. 하지만 그 평온은 동시에 감각의 마비다. 자율은 안전과 맞바꾼 가장 오래된 거래다. 안전을 얻는 대신, 우리는 결정의 권리를 내줬다. 정답이 정해진 사회는 따뜻하지만, 그 따뜻함이 진정한 온기였던가? 우리는 에어컨의 실외기 옆에 서서 따뜻하다고 착각한다. 하지만 정작 실외기 바람이 뜨거워질수록, 밖의 공기는 더 차가워지고 있다. 그러나 그 온기를 잃기 싫어 사람들은 오히려 더 가까이 선다. 마치 실외기 옆이어도 따뜻하기만 하면 된다는 듯.

결국 나는 깨달았다. 문제는 시스템이 아니었다. 시스템은 늘 그 자리에 있었다. 문제는 내가 그 시스템에 어떻게 자발적으로 동의하고 있었는가였다. 아무도 나를 강제로 묶지 않았지만, 나는 스스로를 묶고 있었다. 이유는 단순했다. 그게 편했기 때문이다. 따뜻하고, 책임이 줄었고, 실패의 가능성도 낮았다. 그러나 동시에 성장도 멈췄다. 시스템은 나를 보호했지만, 동시에 나를 제자리에 머물게 시켰다. 그렇다면 실외기는 진짜 '히터 heater'인가?

아니면 나를 때리는 '히터hitter'인가? 믿고 있던 그 온기가 실은 나를 병들게, 머물게하는 원인일지도 모른다.

그러니 이제 나는 그 질문을 다시 꺼내 들기로 했다. 끝없이 굴러가는 열차 바닥에 들어가는 대신, 잠시 바닥에서 눈을 들어 밖을 본다. 창문 너머의 풍경은 여전히 차갑지만, 최소한 방향은 있다. NPC로서의 삶은 편하다. 그러나 그 편안함 속에서는 아무것도 변하지 않는다. 나는 여전히 시스템 안에서 일하고, 소비하고, 반응한다. 그러나 가끔은 멈추고 묻는다. "이 선택은 내 선택인가?" 그 질문이 남아 있는 한, 나는 NPC에서 종종 일탈을 꿈꾼다.

자발적 NPC

조지 오웰의 《1984》는 한때 공포소설로 읽혔다. 그러나 지금 보면 사실상 예언서에 가깝다. 감시 카메라와 검열 장치는 있지만, 이제 사람들은 그것이 없어도 스스로 순응한다. 빅브라더가 사라진 자리를 채운 것은 자발적 복종이다. 현대 인간은 억압당하지 않고도 유혹당한다. 명령이 아니라 선택으로 유도된다. 그렇게 사람들은 통제받는다는 감각 없이 통제에 참여한다. 이 형태가 NPC의 가장 세련된 버전이다.

오웰이 말한 '이중사고 doublethink'는 오늘날 더 정교한 형태로 작동한다. 무분별하고 자극적인 정보와 컨텐츠를 비판한다고 말하면서 사실은 가장 자극적인 컨텐츠들을 소비한다. 자율과 개성, 선택을 이야기하면서 알고리즘이 짠 경로 밖으로는 잘 나가지 않는다. '생각범죄'는 이제 신고 버튼으로 대체됐다. 선택받지 못한 생각과 컨텐츠는 자동적으로 알고리즘의 그늘로 밀려난다. 그 그늘을 피하려고 사람들은 스스로 자기검열을 한다. 감시자는 외부가 아니라 내면이다. 이 순간부터 감시는 불필요해진다. 모두가 스스로를 감시하니까. 바로 이 자발성이 NPC를 만들기 위해 체계가 우리에게 내밀하게 심어둔 것이다.

감시가 없는데도 사람들이 스스로 정렬하는 이유는 언어 때문이다. 오웰이 상상한 '신어 Newspeak'는 생각을 줄이는 언어였다. 불편한 개념이 사라지면 그 생각 자체가 불가능해진다. 오늘날 해시태그나 짧은 후킹 문구는 그 신어의 업데이트 버전이다. 복잡한 맥락을 단 두 단어나 몇 마디로 묶고, 모든 사건을 찬성 혹은 반대와 같이 딱 정리한다. 언어가 단순해질수록 사유는 빈약해진다. 빈약한 사유는 감정을 증폭시켜 대신한다. 사람들은 오히려 더 많이 말하고 더 많이 보는 것 같지만 사실은 덜 생각한다. '발화의 증가'가 '사고의 감소'를 가리는 것이다. 그 결과, 인간은 감정을 공유하는 기계로 수렴한다. 이는 오웰식 전체주의와 정반대의 방식으로 같은 결과를 낸다.

기억 역시 통제의 수단이다. 《1984》에서 윈스턴은 매일 과거를 수정해 현재의 진실에 맞춘다. 오늘날에는 그 수정 작업을 알고리즘이 대신한다. 과거는 계속해서 밀려나고, 모두가 컨텐츠 창작자가 된 시대에 새로운 현재가 피드 상단에 뜬다. 기억은 플랫폼의 속도에 맞춰 편집된다. 불편한 진실은 검색 결과의 하단으로 내려간다. 결국 우리는 과거를 잃지 않아도 접속하지 못한다. 종종 일명 "알고리즘의 선택을 받은" 컨텐츠들이 역주행, 재주행의 이름을 달고 나오기도 하지만 실상 우리에게 필요한 역주행인지는 생각해볼 필요가 있다. 우리에게 필요한 과거의 기억에 대한 접근권이 사라지는 순간, 인간은 시간을 잃는다. 시간이 없는 존재는 패턴으로만 살게 된다. 그 패턴이 바로 지겹도록 말한, 자동화된 NPC의 구조다.

자발적 NPC는 폭력으로 만들어지지 않는다. 피로와 편리함이 만든다. 피곤한 사람은 판단보다 습관을 선호하고, 습관은 예측 가능함과 동시에 안전하다. 편리함은 선택의 위장을 쓴 구속임에도 불구하고, 일종의 선택지가 보이는 순간 사람은 자유롭다고 착각한다. 하지만 그 선택지는 우리가 내내 지켜봐온 것처럼, 이미 누군가 정렬해 둔 것이다. 이때의 자유는 '배열된 자유'다. 배열된 자유 안에서 우리는 반복을 선택하고, 그 반복이 곧 삶의 패턴이 된다. 즉, 우리는 이제 모든 부분에서 '패턴화'되고 있다.

사회학자 하버마스는 '체계가 생활세계를 식민화한다'고 했다. 경제와 정치 같은 거대한 체계가 인간의 생활영역까지 들어와 감정과 언어를 관리한다는 뜻이다. 오늘날 그 식민화는 더 섬세해졌다. 플랫폼은 시민을 관리하지 않는다. 대신 시민의 욕망을 측정한다. "무엇을 좋아하십니까?" 라는 질문으로 데이터를 받고, 그 데이터로 시민을 예측한다. 예측된 시민은 통제 할 필요가 없다. 예상대로 움직이니까.

문제는 이렇게, 책 한 권 내내 반복해온 모든 이야기가 자발적이라는 점이다. 아무도 강요받지 않았고, 모두가 나서서 원한다. 그것이 문제다. 모두가 불편함을 모르는데, 고개를 들어 주변을 둘러 보면 어딘가 이상하다는 것이 느껴지기 때문이다. 이것이 자발적 복종이 무서운 이유다. 복종 안에서 쾌감이 발생하기 때문이다. '나는 통제되지 않는다' 는 확신이 가장 완벽한 통제 상태다. 스스로를 자유롭다고 느끼는 순간 통제는 완성된다. 불편함

조차 못 느끼고 시스템의 일부가 되었다는 것이다.

결국 빅브라더는 사회에서 대놓고 찾아볼 수 없지만, 우리 안에 자리를 잡고 있다. 그를 잠재우는 방법은 삭제가 아니라 지연이다. 사람들이 '내면'을 들여다 보라고 강조하는데, 이제는 반은 맞고 반은 틀린 말이 되었다. 이제는 제발 바깥 좀 들여다 봐라. 핸드폰 바깥을 보고, 나와 내 집단 바깥을 보고, 세상 흘러가는 모양새를 봐라. 모두가 불편하지 않다고? 그게 불편한 부분이다. 더 이상 NPC처럼 핸드폰 안에서 살지 말고 자신의 빅브라더를 없애라.

앞으로의 대한민국

지금 세계는 '편안함'이라는 종교에 중독돼 있다. 기술은 피로를 줄이기 위해 발명됐지만, 그 기술을 만든 사람들은 아이러니하게 잠들지 않는다. 실리콘밸리의 엔지니어들은 이렇게 기술력이 좋아진 시대에도 놀지 않고 오히려 더 작업을 이어가며, 중국의 공장들은 밤새 불이 꺼지지 않는다. 실리콘밸리를 넘어 미국은 이미 AI를 전쟁과 경제의 무기화 단계로 끌어올렸다. 세계는 달리고 있다. 그런데 이런 상황 속에서 한국은 멈추려 한다. 덜 일하자는 말이 슬로건처럼 사회에 퍼지고, 그것에 대하여 서로 비난과 동조를 반복한다. "주 4.5일제 찬성, 반대" 이 문장만으로도 한국은 여전히 갈라서있고, 싸우고 있다.

AI는 이런 흐름 속에서 굴하지 않고 인간의 마지막 근육을 집어삼키고 있다. 생각하는 힘, 선택하는 의지, 실수를 견디는 내구성 이 세 가지가 제물이다. GPT가 글을 대신 쓰고, Midjourney가 상상을 그리며, 그 둘까지 아니더라도 수십 개가 넘는 AI 서비스가 각종 컨텐츠를 만들고 효율을 올리는 시대에 여전히 인간은 '왜'나 '어떻게'보다는 '얼마나 빨리'로 사고한다. 하지만 그 '빠름'의 끝에는 방향이 없다. 시스템이 알아서 길을 찾아주니, 인간은 굳이 목적을 세우지 않아도 된다. 그렇게 사람들은 점점 '반응하는 존재'가 된다. 어떤 입력에도 부드럽게 반응하지만, 스스로의 목표를 세우지 못한다. 이것이 바로 AI가 만든, 또 앞으로 만들어갈 형태의 NPC다.

이제 노동은 생계의 수단이 아니라 존재의 증명이 되어야 한다. AI는 효율의 영역에서 인간을 이긴다. 인간이 이길 수 있는 유일한 전장은 전략, 상상, 그리고 감정의 설계라고 한다. 사실 그러한 부분도 AI가 무섭게 추월해오고 있기 때문에 해당 부분들을 계속해서 갈고닦아야 한다는 것은 부정할 수 없는 부분이다. 하지만 그 능력은 '쉬는 시간'에 자라지 않는다. 인간이 더 많이 배우고, 더 많이 실험하고, 더 많이 부딪힐수록 더 많은 것을 설계할 수 있다. 반대로 인간이 멈추는 순간, 우리는 더 이상 '주체'가 아니라 '참조값'으로 남게 될 것이다. 계속해서 새로운 것들은 AI를 거치고 나오고, AI가 거친 비율은 더 높아져만 가기 때문이다. 그러다 보면 언젠가 인간으로 온전한 영역을 보장받는 것은 '과거' 뿐일 수도 있다.

하지만 우리가 만든 AI와 계속해서 주도권을 줄다리기 하는 현재의 상황에서, 한국의 젊은 세대는 피로를 이유로, 불확실성을 이유로, 시스템이 만들어준 길에서 벗어나려 하지 않는다. 사실 10대 때부터 시스템의 길 위에서 달리느라, 너무 많은 과제와 학업과 프로젝트 사이에서 피로가 쌓여있기 때문에 그럴 여유가 없을지도 모른다. 그러나 지금 이 시대에 진짜 불안한 건 '너무 많이 일하는 사람'이 아니라 '아무것도 하지 않는 사람'이다. 정확히는, 그저 '제자리'만 천천히 걷고 있는 사람들일 것이다. 세계는 이미 노동의 패러다임을 바꾸고 있다. 중국의 Z세대는 '996(아침 9시부터 저녁 9시까지, 주 6일)'을 거부하면서도 '자기 사업'을 비슷하게 하기 시작한다. 일은 멈추지 않는다. 반면 미국의 스타트업들은 중국의 '996'을 뒤늦게 따라하며 뒤처지지 않기 위해 달려나가고 있다. 그런데도 한국은 '일의 철학'을 버린 채, '일의 시간'을 줄이는 데 몰두하고 있다.

그러니 지금 주 4.5일제를 이야기하면서 일을 줄이자고 이야기하는 한국의 흐름은 묘하게 2025년 하반기에 발생한 프랑스의 시위를 떠오르게 한다. 일을 줄이자는 구호가 마치 진보의 상징처럼 소비된다. 그러나 본질은 다르다. 프랑스의 시위는 고령화와 복지 과부하 속에서 '특정 세대의 권리'가 사라져가는 것에 대한 저항이었다. 이미 충분히 일한 사람들이 "이제 그만"을 외친 것이다. 반면 한국의 '워라밸 담론'은 아직 산업의 성장도, 기술적 전환도 끝나지 않은 시점에서 등장했다. 여전히 체계를 지탱해야 할 세대가 일터를 먼저 떠나려 한다. 한마디로 일을 충분히 많이 한 사람들이 '이젠 그만 일하고 싶다'고 하는 것과, 아직 일을 더해야 할 사람들이 '이제 일을 좀 그만 하고 싶다.'라고 외치는 것의 차이다. 여기에는 큰 차이가 있다.

노동은 피로의 문제가 아니라 생태계의 문제다. 한 사회가 스스로를 유지하려면, 그 사회가 만들어 내는 가치의 총합이 소비보다 커야 한다. 그런데 지금 한국은 구조적으로 그 반대 방향으로 가고 있다. 생산 가능 인구는 줄고, 일하려는 사람은 더 줄었다. 기술은 빠르게 바뀌는데, 사람은 더 느리게 움직인다. AI가 인간의 자리를 대체하고 있다는 경고가 쏟아지는 시대에, 우리는 오히려 "덜 일하자"를 외친다. 시대의 '자동화'는 멈추지 않는데, 인간은 멈추기를 원한다. 그 간극이 커질수록 기술은 사람을 밀어낸다. 결국 남는 건 "노동이 줄어든 인간"이 아니라 "쓸모가 줄어든 인간"이다.

당장 지금 이 시기의 일은 단순한 생계의 문제가 아니다. AI 시대의 노동은 '존재 증명'의 문제다. 누가 알고리즘을 짜고, 누가 데이터를 정제하며, 누가 윤리를 설계하느냐의 싸움이다. 그런데 우리는 그 자리를 비워두려 한다. 미래의 테이블에 앉을 자리를 스스로 내주고 있다. "덜 일하자"는 말이 결국 "결정권을 넘기자"는 말로 바뀌는 순간, 한 사회의 주도권은 사라진다. 마치 프랑스의 노동 시위가 복지국가의 종말을 상징했다면, 한국의 '일 축소'는 산업국가의 후퇴를 상징한다.

AI가 모든 것을 자동으로 만들어주는 시대에 인간이 설 자리는 '자동의 틈'이다. 생각의 틈, 맥락의 틈, 창의의 틈이다. 그 틈을 확보하려면 우리는 다시 일해야 한다. 하지만 이번엔 다르게 일해야 한다. 더 오래 앉아 있는 게 아니라, 더 깊이 파고드는 방식으로. 피로가 아니라 몰입으로. 노동은 더 이상 생존의 굴레가 아니라 자기 구별의 무기다. 남들이 멈추는 순간에 계속 배우는 사람, 자동화된 도구를 '내 손의 도구'로 만드는 사람, 알고리즘을 소비하지 않고 조정하는 사람이 결국 이 게임의 규칙을 다시 쓴다.

그러니 AI가 인간의 반복을 대체하는 속도보다, 인간이 자기 업을 재정의하는 속도가 더 빨라야 한다. 그렇지 않으면 인간은 알고리즘이 그려놓은 곡선 위를 평생 따라가는 '함수의 값'으로 남는다. 지금은 안락을 구할 때가 아니다. 일은 고통이 아니라 통제의 방식이다. '일하기 싫다'는 말이 무의미해지는 시대가 오고 있다. 왜냐면 사실상 AI와 시대의 발전으로 인해 '일을 덜 할 수 있는 일이라는 말은' 곧 'AI가 가까운 시일내로 대신 할 수 있는 일'을 의미하기 때문이다.

따라서 지금 해야 할 일은 단순하다. 일을 더 해야 한다. 하지만 그건 과거의 노동이 아니다. 시스템을 재설계하는 노동, 데이터를 해석하는 노동, 인간만이 감당할 수 있는 복잡함을 품는 노동이다. 누군가는 이런 불편을 피하고 싶어 한다. 그러나 역사는 언제나 불편을 선택하고 이겨낸 사람들의 편이었다. 불편을 견딘 자가 세계를 움직였다.

AI 시대의 진짜 적은 기계가 아니라 무사유적 인간이다. 인간이 스스로의 회로를 닫는 순간, 문명은 자발적 NPC들로 채워진다. 그래서 지금은 피로를 줄일 때가 아니라, 사고의 강도를 높일 때다. 더 일해야 한다는 말은 더 고통받으라는 뜻이 아니다. 더 주도하라는 뜻이다. 더 창조하라는 뜻이다. 더 책임지라는 뜻이다. 세계가 자동으로 굴러갈수록, 인간은 더 수동으로 살아야 한다. 수동이란 '멈춤'이 아니라 '의도적으로 개입하는 것'이다. 당신이 자동의 흐름 속에서도 방향을 붙잡는 그 한 순간, 거기서부터 다시 시작된다.

NPC탈출 선언

세상은 지금 끝나가고 있다. 거대한 폭발도, 혁명도 없다. 단지 조금씩 느려지고, 조금씩 닳아가는 중이다. 변화는 이야기되지만 실상은 바뀌지 않으며, 오히려 정작 중요한 것들은 우리가 다른 것들에 집중하는 사이, 뒤로 이루어지고 있다. 이 세계는 그사이에서 망가지는 것을 넘어, 스스로 닳아 없어지고 있다. 게임은 운영 중인데, 1채널만 가득 차 있고 나머지 채널에는 NPC들만 남아서 움직인다. 서비스는 여전히 운영하긴 하는데, 사용자들은 더 이상 예전처럼 로그인하지 않는다. 갑작스럽고 조용히 울리는 서비스 종료 공지에도 아무도 놀라지 않을 것이다. 이미 더 큰 자극에 휩싸여서, 정작 나라가 이상하고 위험하다는 사실을 보고도 모르는 중이니까.

NPC들의 최후는 이렇게 온다. 싸우지도 않고, 선택하지도 않고, 스스로를 구하겠다는 의지도 없이 조용히. '다들 그렇게 살아가니까'라는 이유 하나로. 그렇게 살아온 사람들의 흔적은 결국 아무것도 남지 않는다. 산다는 건 그게 무엇이든 위험, 리스크를 감수하는 일이고, 실패를 감당하는 일이다. 하지만 그것이 두렵다고 아무것도 남기지 못하는 인간들이 모이면, 이미 죽은 세상이나 다름이 없다. 그게 사라진 곳에서 인간은 그저 체계의 자극에 반응하는 일부가 되어버린다. NPC가 된다는 건 단적으로, 이제 곧 죽어갈 거라는 게 아니라, 이미 죽고 회로만 남았다는 뜻이다. 이제와 이미의 차이는 크다.

그러니 나는 '이제'라도 그 회로에서 벗어나려 한다. 정답이 주어진 사회에서 벗어나는 건 언제나 불편하다. 그리고 불안하다. NPC로 둘러쌓인 사회에서 이곳은 NPC들의 월드라고 외치는 것은, 마치 꿈에 들어가서 '이곳은 꿈이야'라고 외치면 모두가 자신을 쳐다본다는 괴담처럼 불안하다. 하지만 모두가 같은 시대, 같은 방식, 같은 문장을 말할 때, 누군가는 그 문장 자체를 의심해야 한다. 그 역할이 바로 플레이어다. 플레이어는 구원자가 아니다. 세상을 바꾸지 못할 수도 있다. 하지만 최소한 세상이 정해둔 틀에서 벗어나 좀더 많은 컨텐츠를 누리고 '자유도'라는 단어 안에서 일종의 더 많은 자유를 보장받을 수 있다.

이 책을 쓰는 동안 나는 수없이 같은 결론으로 돌아왔다. 이 모든 문제는 시스템이 아니다. 동의한 나 자신이다. 사실상 우리가 어떤 어플이나 웹사이트를 이용할 때 '권한'을 허용하는 것처럼, 우리 역시 암묵적으로 이 사회에게 우리의 권한을 허용한 것이다. 그리고 매일 같이 그 권한을 확인이라도 시켜주려는 것처럼, 숏폼 영상을 스스로 주입하고, 외부의 요인에 감정을 휘둘리고, 제대로 된 문장 대신 두서없는 댓글을 던져둔다.

사회는 언제나 인간을 효율적으로 만들려 한다. 그건 본능이고, 생존 방식이다. 하지만 효율은 언제나 인간의 감각을 마비시킨다. 더 이상 느끼지 않아도 되는 사회, 더 이상 질문하지 않아도 되는 시스템, 더 이상 생각하지 않아도 되는 일터. 이런 세계에서 플레이어가 된다는 건 고통스럽다. 하지만 그 고통은 인간이 살아 있다는 신호다.

우리가 사는 이곳은 언젠가 진짜로 끝날지도 모른다. 서버가 닫히고, 시스템이 리셋되고, 새로운 규칙이 세워질 것이다. 그러나 우리가 진정 원하는 대로 달라지지 않을 것이다. 게임 운영자들이 '우리는 플레이어들을 위합니다'라고 하면서도 자신들이 손해보는 정책이나 업데이트를 펼치는 것을 봤나? 게임과 현실은 다르다고? 그렇다면 현실에서 사람들이 굳이 자신이 손해보는 장사를 계속해서 이어가고, 반영하는 것을 봤나? 그때도 역시 업데이트의 방향은 지금과 다를 바가 하나도 없을 것이다.

그럼에도 NPC들은 세계가 뒤바뀌고, 나라가 변하며 플레이어들이 혼란스러워할 때에도 같은 대사를 읊을 것이다. 하지만 단 한 명이라도 목소리 내는 자가 있다면, 그 목소리가 어딘가에 닿을 수 있다면 나는 여전히 내야한다고 생각한다. 그 한 목소리를 남기려 한다. 책은 적어도 다른 매체들에 비해 '오래 남는' 기록물이고, NPC 월드라는 책은 2025년, 이 시대의 목소리로 한 구석에 남아있을 것이다.

2025년, 헬조선은 섭종 중이다. 그러나 여기서 끝이라는 공지는 아직 없다. 내 삶의 엔딩보다 먼저 이 서버의 끝을 볼 순 없다. 봐서는 안 된다. 우리가 이곳에 투자한 것이 얼마고, 추억이 얼마나 있는지를 알면 대한민국의 서버를 여기서 종료하게 둘 수는 없다. 그러니 플레이어들이여, NPC를 탈출하고 싶은 사람들이여, 아직 늦지 않았다. 1채널로 모여서, 우리의 목소리를 내고 여전히 우리 유저들이 남아있다고, 이 게임에 애정을 갖고 이 게임과 함께 성장해왔으며, 이 게임을 여전히 즐기고 있는 우리가 남아있다고 보여줘야 한다. 그것이 NPC 월드를 우리의 세계로 다시 되돌릴 유일한 방법일 것이다.

NPC 월드

ⓒ 플레이어

초판 1쇄 인쇄 2025년 11월 24일

기획 조영훈
지은이 플레이어
디자인 김지혜
마케팅 PAGE NOT FOUND
펴낸곳 PAGE NOT FOUND
이메일 motive@billionairecorp.com

ISBN 979-11-94600-75-6 (03810)

파본은 구입하신 서점에서 교환해 드립니다.
이 책은 저작권법에 의해 보호를 받는 저작물이기에 무단 전재와 복제를 금합니다.